탑, 바람 바람 바람

현 대 수 필 가 1 0 0 인 선 · 7 3

탑, 바람 바람 바람

이옥자 수필선

좋은수필사

■ 책머리에

수필은 누구나 부담 없이 읽고, 마음만 먹으면 직접 쓸 수도 있는 가장 친근한 문학이다. 다른 영역의 문학이 영상매체에 밀려 신음하고 있는 중에도 수필 인구만은 날로 증가하여 바야흐로 수필 전성시대를 구가하고 있는 이유도 거기에 있을 것이다.

시대적 추세에 힘입어 수많은 수필전문지, 수필동인지가 창간되고, 이에 비례하여 신진 수필가도 날로 늘어나다 보니 이제는 그 많은 작가, 그 많은 작품 중에서 문학성 높은 작품을 가려 읽는 일이 쉽지 않게 되었다. 이런 현상은 작가에게나 독자에게나 결코 바람직한 일이 아니다. 더 나아가서는 수필을 연구하는 후세들에게도 큰 부담이 될 것이다.

이런 문제를 해결하는 데는 출판인도 마땅히 한몫을 감당해야 한다는 평소의 소신에 따라, 본사가 기꺼이 그 역할을 맡기로 했다. 그 첫 번째 사업으로 시대를 대표할 만한 수필가 100인을 선정하고, 작가가 자선한 40편 내외의 작품을 수록한 문고본을 발간하여 이를 널리 보급함으로써 그 소임을 다하고자 한다.

본사는 사명감을 가지고 이 사업을 추진해 나가기로 했다. 작가 선정을 전담할 편집위원회를 구성하고 전권을 위임하여 일체의 사적인 정실이나 청탁을 배제함으로써 전문성과 공

정성을 확보해 나갈 것이다.

따라서 이 기획물 속에는 작가의 문학정신뿐만 아니라, 본사의 문학사적 기여 의지와 편집위원 제위의 수필문학에 대한 애정과 문인으로서의 양심이 함께 담겨 있음을 자부한다. 다만, 작가를 선정하는 기준에는 많은 견해의 차이가 있을 수 있고, 선정 과정에서도 미처 챙기지 못한 부분이 있을 것이라는 사실만은 인정하지 않을 수 없다. 이 점에 대해서는 관계자 여러분의 양해 있으시기 바란다.

이 시리즈의 발간 순서는 작가, 또는 본사의 사정에 의한 것일 뿐 그 밖의 어떤 기준도 적용하지 않았음을 밝힌다.

본 기획물이 시대를 초월한 많은 수필 애호가들의 관심과 애정 속에 우리나라 수필문학 발전에 한 이정표가 되기를 바랄 뿐이다.

2010년 10월

좋은수필 발행인 서 정 환

현대수필가 100인선 간행 편집위원 박 재 식 최 병 호

정 진 권 강 호 형

변 해 명

1_부

2_부

3_부

4_부

1부

어느 수필가의 고독孤獨
양수리
참깨송頌
이름
정情
강의 노래
집 이야기
태백太白의 안개 도시
가면놀이
여든 개의 촛불

어느 수필가의 고독孤獨

만날 때마다, "요즘도 글을 쓰느냐?"고 묻는 사촌오빠가 한 분 계시다. 오빠는 드라마와 소설, 시는 왜 쓰지 않느냐고 하지 않고, 그저 글이라는 말에 힘을 주어 묻는다. 어설픈 웃음으로 답을 대신하지만 기분은 좋아진다.

언젠가 집안의 산지山地를 돌아보는 길에, 산밑을 굽어도는 강물을 바라보며 "훗날 이곳에 문학비나 세워 주실래요?" 하고 농삼아 물은 적이 있다. 오빠는 "문학하는 사람이 비碑는 무슨 비냐?"며 쓸쓸한 미소와 함께 뒤돌아 본다. 문학인의 고결성과 함께, 바람과 억새꽃에 묻히는 우리의 발자국처럼 아름다운 비문碑文도 찬란한 생명도 덧없음을 일깨우는 말이었다.

여기저기 글을 발표하고 한 권의 책을 엮으며 간혹 자조적인 말을 중얼거리곤 한다.

"세상을 향해 무슨 할 말이 많다고 이 길을 택했을까."하며 남루한 의식을 부끄러워 한다. 그러면서도 적막한 밤에 묻혀 외로운 싸움을 반복하게 된다.

어느 모임에서 저명한 여류인사가 여성의 재능을 향상시키자는 말 중에 몇몇 시인과 수필가에게 "이제는 드라마 극본에도 도전해 보세요."하며 채근하는 눈빛을 던졌다. 서구의 작가가 시와 소설, 수필, 평론— 여러 장르를 다루는 것을 보면 틀린 말은 아니지만, 온갖 책략이 동원되고 말장난과 몸싸움으로 시청자를 사로잡으려는 어느 드라마를 생각하니 고리타분하고 심기 약한 나는 고독해질 수밖에 없다.

영롱한 감성이 이슬같이 정제된 한 절의 시구詩句가 시청자의 기분을 알싸하게 만드는 감각적인 말보다 창백하고, 몇 페이지를 풀어놓아도 모자라는 감정의 꾸러미를 몇 마디의 간결한 문구로 다스리며 써내려간 한 편의 수필이 협잡과 기만, 사랑 쟁탈전과 짝짓기 놀음 앞에서 무참히 퇴색되고마는 지식인의 소견을 듣고 가슴만 미어져야 했다.

"글을 쓰는 사람은 돈을 못 번다."며 친구들과 장래 직업을 이야기하던 아들아이는 어느 소설가가 문학상을 수상하며 출판한 소설마다 베스트셀러가 되어 가난한 동네에서 부자 마을로 이사했다는 소문을 듣고 엄마도 소설을 쓰라고 한다. 딸아이는 좀 철이 났다고 내 눈치를 살피며 "글은 돈을 벌기 위해서 쓰는 것이 아니다."하고 동생을 나무란다. 나는 이런 아이들

앞에서 할 말이 없다.

"이제 무슨 이름을 날리겠다고 그렇게 진을 빼느냐."며 안쓰러워하는 자매들에게도 할 말이 없다. 돈도 벌지 못하고 명예도 얻지 못하는 고된 작업을 뭐라고 설명할 것인가.

지난 해 해외여행 중에 만난 소설가 L씨가 "소설을 써보지요."하며 소설의 우월성을 은근히 과시할 때 "나는 상상력이 부족하다."며 맞대결을 피했다. 소설을 쓰지 못하는 무능에 대한 자구적인 증세인지는 모르나, 독자의 시녀가 되고 상혼商魂의 노예가 된 몇몇 소설가를 떠올리며 떨떠름한 미소만 지을 수밖에 없었다.

"시인은 한 마디로 말하고 죽는다."며 고도로 정제된 언어의 미학— 시의 역사성과 현실의 위상을 들먹일때도 속수무책인 채 천애고아인 듯한 외로움에 젖어야 한다.

포스트모던 시라며 백지 위에 듬성듬성 올려놓은 낯선 단어들과 서정시니 자유시니 하며 진부하고 원색적인 감정을 주저리주저리 엮어낸 염치없는 어느 시인의 행적이 희극 중의 희극으로 백주白晝를 활보하는 현실에서도 나는 수필계라는 뿌리가 튼튼치 못한 집안의 부초같은 생명으로 이말 저말에 옴쭉달싹할 수 없는 신세가 된다.

나에게 시는 아련한 향수鄕愁이다. 그러나, 현란한 젊음 속에서도 허무로 치닫는 감성을 추스릴 길 없었고, 무섭도록 엄습하는 허무감만으로는 시를 쓸 수 없다는 결론으로 일찌감치 작파作破하고 말았다.

문학에 대한 애정은 버릴 수 없었다. 서른도 중반이 넘을 무렵, 인생이라는 스펙트럼은 지상에 머물고 있는 스스로의 반경에 시선을 돌리게 했다. 수필은 그것을 이야기하기에 적절한 문학이었다.

수필은 너무 높은 곳에 자리하고 있어 가까이 할 수 없는 장르였다. 여학교 때 나를 사랑해 주시던 국어 선생님은 〈페이터의 산문〉과 안톤 슈낙의 〈우리를 슬프게 하는 것들〉, 이효석의 〈낙엽을 태우면서〉를 가르치며 "수필은 고차원의 문학이다. 많은 식견과 인품이 어우러져야 하는 격조 높은 문학이다."고 하셨다. 요즈음 수필을 '문학 외 문학'으로 얕보는 사람들 틈에서도 그 말에 대한 감동은 조금도 탈색되지 않고 수필에 대한 경외감을 갖게 한다.

수필은 여과된 정서와 지성의 보고寶庫로 섬세하고 평온한 미적 감흥에 젖게 하지만, 장쾌한 문장의 아름다움도 간과할 수 없는 기쁨이다. 베이컨과 에머슨의 대리석같이 차고 수려한 문장, 국가의 장래를 우려하며 진정을 토로한 제갈량의 〈출사표出師表〉는 정열적이며 비장한 고금의 명문이다.

수필은 시적인 요소와 소설적인 묘미, 음악과 미술이 담긴 다양한 문학예술이기도 하다. AD 원년, 베들레헴에서 아기예수의 탄생으로 시작되는≪성서聖書≫도 전 세기의 베스트셀러인 수필집이다.

언젠가 어느 외국 작가에게 내가 에세이스트라고 소개하니, 엄지손가락을 세워보이며 경외감을 표한 적이 있다. 서구의 수필가처럼 해박하고 위트가 있으며 철학과 지성을 겸비한 여류인 줄 알고 놀라워하는 것이다. 여러 시인과 소설가들 가운데서도 외로운 동방의 수필가에게 보낸 친절은 정연한 논리성과 예리한 지적 통찰력으로 사회와 지식인을 좌지우지하는 에세이스트의 위상을 감지할 수 있는 것이었다.

수필을 쓰며 가끔 자문自問에 빠지곤 한다. 나의 글이 수필에 누를 끼치는 것은 아닐까, 내 생활이 수필을 쓰리만치 격조 높은 것일까, 수필가로서의 인품은 갖추어져 있는 것일까.

요즈음 누군가 "왜 수필을 쓰느냐."고 물으면, "그저 쓰고 싶어 쓴다."고 대답할 것이다. 그 외에는 할 말이 없다.

지구라는 작은 별이 신비한 보랏빛으로 우주를 떠도는 것은 인간이 아름다운 꿈을 가슴에 묻고 살기 때문이다. 가슴에 담겨진 이야기를 스스로 사랑하기에, 사랑을 알고 있는 사람에게 때로는 차갑게, 때로는 따뜻하게 그 사랑을 고백하는 기쁨에 젖게 된다. 그때, 어느 외로운 수필가는 현실과 문학인 속에 섞여 가슴을 앓는 작은 고독에서 벗어나, 사라져가는 것들과 인간의 숙명, 작은 물체에 담긴 무한한 광채, 원죄와 모랄 사이에서, 모국어를 갈고 다듬으며 고뇌하는 문학인으로서의 고독의 길을 걸을 수 있을 것이다.

남이 보아주지 않아도 좋은, 흔적없이 사라져버려도 괜찮은, 진정 아름다운 고독의 길을 걸을 수 있을 것이다.

양수리

산이 제 그림자를 들여다본다.
해와 달이 제 얼굴을 내려다본다.
하늘이 제 마음을 비추어 본다.

먼 먼 구비를 돌아온 세월처럼 멈춘 듯 흘러가는 강물- 수입천, 문호천의 북한강과 흑천, 신내개울의 남한강이 합류한 양수리兩水里는 나의 과거와 미래가 만나는 곳이다.

동서를 관통하는 44번 국도를 타고 수없이 지나온 홍천과 서울 사이, 서편으로 3분의 2지점쯤에 있는 강마을이다. 떠나온 추억 속의 고향과 힘겹게 부둥켜 안고 있는 현실의 장소 사이에 있는 그곳처럼, 나의 인생도 이제 3분의 2지점에 이르고 있다. 도시로 향하는 그 길을 따라 나의 성숙은 시작되었고,

양수리 강물은 오늘도 3,40년 전과 같이 흘러내린다.

마음이 어수선한 날이면 그 강변에서 바람에 쓸리는 풀잎들을 떠올리곤 한다. 쓰러지듯 수런대며 다시 일어서는 풀잎들의 유연한 모습이 간직한 삶의 탄력성, 그들도 산과 하늘, 해와 달처럼 늘 강물에 자신을 비춰보며 살아가고 있기 때문일 것이다.

아득한 날 저 너머

처음 양수리를 지나갔던 것은 예닐곱 살 때쯤이다. 아버지는 강원도 소읍에 처음으로 자동차를 들여와 운수업을 시작하셨다. 자동차는 읍내에서 쓰이는 여러 가지 물건을 주문받아 서울에서 구입하기 위해 새벽 4시부터 선잠을 깨워가며 시동을 걸어야 했다.

어머니는 마음이 스산한 날이면 나를 데리고 서울을 향해 트럭에 오르셨다. 창백한 어머니의 얼굴에 서린 병고와 말없이 어머니 곁에 앉아 있는 나. 어머니는 시원스레 트인 양수리 강변에 이르면 차창 너머의 강물을 하염없이 바라보셨다. 철교와 나란히 놓여, 한강인 줄 알고 건넜던 양수교를 지나면서도 이것저것 물어볼 수 없었던 어머니의 침묵….

터덜대는 신작로길로 6시간을 달려 서울에 이르면 어머니는 동대문시장을 헤집고 다니며 이 물건 저 물건을 한아름 산다. 억척스런 상인들을 상대로 옹골찬 거래를 벌여 불꽃튀는 생명력을 감지할 수 있는지, 시장 안에서만은 허구헌 날 약을 달고 사는 어머니가 아니고, 그 기운으로 가슴의 멍울도 조금씩 쓸어내리는 것 같았다.

시장 골목마다 노란 불꽃이 피어나고 좌판 행상들이 여기저기 자리를 잡을 즈음이면 어머니는 내 손을 잡고 사정없이 쏟아져 흐르는 헤드라이트 행렬을 곡예하듯 요리조리 피해가며 길을 건너 전국의 화물차가 모여드는 종로통, 어느 깊은 마당에 몸체의 두 배쯤 짐을 실은 우리 트럭을 찾는다.

서울을 뒤로 하고 망우리고개를 넘을 때는 차창에 걸린 달이 푸른 밤을 쏟아냈다. 교문리를 지나고 팔당과 능내에 이르러 검푸른 강물이 보일 즈음이면 어머니는 다시 말이 없고, 양수리를 지나 양평, 홍천이 가까워지면 침묵 속에서 가을바람처럼 한숨을 피워올리셨다. 10살도 못 되는 내 가슴에 강물은 어머니의 침묵처럼 달빛 속에서 무겁게 흘러내렸다.

10여 년이 지난 후

여인들은 두셋만 모이면 수근댔다. 나이 든 여자들이 모여 앉으면 야릇한 웃음 속에서 얘기는 꼬리를 물었고, 새색시나 어린 사람이 나타나면 씻은 듯이 이야기를 멈추었다. 해괴한 분위기 속에서 얼핏 귀에 담긴 말은 '양수리 밥집 여자'였고, 누구에게 듣고 감을 잡았는지, 10년이 넘게 집에서 일한 운전사 한 사람이 그 여자와 눈이 맞았다는 것을 알게 되었다.

양수리 밥집 – 샛별 속을 헤치고 달려간 서울에서 온종일 주문한 짐을 싣고 자갈 박힌 신작로를 뒤틀리듯 달려오면 어둠 속에서 구원救援처럼 불빛을 흔들며 기다려주는 곳, 후끈한 김이 서린 밥집 안에서 희미한 남포불이 만들어내던 우중충한 광경을 나는 알고 있었다. 거나하게 몇 잔 걸친 혈기찬 남자들 틈을 빠져다니며 송판으로 얼기설기 짠 탁자에 뜨끈뜨끈한 국밥을 재바르게 올리던 실팍한 여자.

좁은 국도를 사이에 두고 강물을 마주보며 '양수리 밥집'이라는 헐어빠진 간판을 걸고, 지나는 남정네의 허기진 몸과 마음을 달래주던 곳을 꿈처럼 더듬어보며, 언젠가 한 번 본 것도 같은 밥집 여자를 떠올려보곤 했다.

양수리에서 피어난 들풀 같은 여자와 남자의 소문은 사춘기를 지난 내 가슴에 관능에 대한 호기심을 어슴푸레 풀어 놓았고, 잠깐씩 스치는 모호한 감정에 얼굴을 붉히곤 했다.

청춘의 한가운데에서

대학에 입학한 후, 양수리를 지나는 일이 빈번해졌다. 버스를 타고, 트럭에 실려 서울과 고향을 오르내리며 늘 서글픔 속에서 강물을 바라보았다. 고향을 떠나올 때면 아버지의 그늘에서 벗어나 도시로 진입해야 하는 두려움으로 가슴을 떨었고, 서울에서 벗어나 양수리를 지날 때면 도시와의 싸움에서 패잔한 듯한 절망감이 파고 들었다.

도회의 사람들이 쏟아내는 무관심과 상큼한 대화 속에 숨겨진 오만이 20여 년 고향에서 가꾸고 자란 자존심에 수없이 상처를 그어대던 시절, 청춘의 이름은 찬란했으나 아스스한 사랑의 아픔은 늘 왜소하게 웅숭그린 마음으로 그 강을 바라보게 했고, 강물은 무심히 흐르고만 있었다. 남한강과 북한강물은 굳은 약속처럼 몇 천년 동안이나 이 마을에서 만나 어제처럼 흐르고 있었지만, 별것 없이 방황뿐인 청춘 속의 양수리는 꿈도 사랑도 멀찍이 젖혀두고 고향으로 향하는 4시간 동안의 길목을 외롭게 지키고 있을 뿐이었다.

마흔셋의 가을

어느 해 11월, 성산포에서

세상에서 가장 살기 좋은 곳은
가장 죽기 좋은 곳

이라는 시구詩句를 들은 적이 있다. 일출봉 산허리를 휘감고 피어나던 보랏빛 꽃들을 바라보며 그 구절을 곱씹을 때, 바람은 퍽퍽 쓰러지며 다가와 내 몸을 가없이 흔들어댔다.

요즈음 나는 양수리에서 그 시를 생각한다.

2시간이면 고향에 이를 수 있는 지금, 강은 더 이상 설화일 수 없으나, 양수리는 얼음진 마음을 피해 내달을 수 있는 곳이다.

그곳은 아름다운 만큼 슬픈 내력을 만들어 강물에 실려보내는 곳이기도 하다. 남한강과 북한강이 외롭게 흐르다 휘돌아 서로 만나 사랑을 나누며, 작은 촌락과 화려한 도시를 지나 서해에 이르러 파도 속의 흰 물거품으로 산산이 부서져내리고, 다시 물결의 군락群落을 이루려고 먼 길을 떠나듯, 남자와 여자가 만나고 사랑과 미움이 교차하며, 나의 과거와 미래가 어우러져 흘러가는 곳이다. 그 흐름은 아름다운 작별 속의 또 하나의 인연을 예고하며 어제와 오늘을 지나 내일로 이어질 것이다.

산은 험한 제 그림자를 바라보며 소리없이 늙어가고, 강은 물굽이를 만들어 미완未完의 물결을 흘려 보낸다.

이제 나는 온갖 사련邪戀과 죄악까지도 그윽한 눈빛으로 바라볼 수 있을 것 같은 마음으로 그 강변에 선다.

그림처럼 떠 있는 작은 목선木船처럼 지난 날의 어둠과 애련哀戀, 미숙未熟의 찌를 던져 생의 잔잔한 의미들을 건져올리면, '세상에서 가장 살기 좋은 곳은 가장 죽기 좋은 곳…'과 같은 한 마디쯤 강물에 실어 보낼 수 있을 것 같다.

참깨송頌

한 알의 무게는 새의 깃털과 같고, 크기는 모래알 다음 가나, 향미香味로는 따를 것이 없어 이 세상 으뜸이다. 부부의 정이 도탑거나 재미있어 죽을 지경이면 '깨가 쏟아진다' 하고, 배알이 뒤틀릴 때 상대방이 코 깨질 일이라도 생기면 '깨소금 맛'이라 함은 그 까닭이다.

고기 맛만 최고인가. 산녘과 들녘에 지천인 나물을 뜯어 삶아 참기름 한 방울 치면 밥 한 그릇 뚝딱, 그도 저도 마땅찮을 때는 맨 간장에라도 한 방울 둘러치면 그 맛도 괜찮다. 상찬에도 깨맛과 참기름 향이 빠지면 맨숭맨숭 하찬으로 등락하고, 하찬도 참기름 진향珍香이 돌면 상찬이 된다.

곡물이나, 기묘한 향미로 그 값은 천정이다. 금값이나 사향값 보다야 못하지만, 곡물로는 최상으로 매겨지니 물물교환에 고가품으로 농가에서는 보물이었다. 부녀자는 귀한 손님께 보내는 선물로 대신하고 돈푼이 아쉬운 때는 궁여지책으로 내놓은 품목이다.

아녀자의 못난 음식 솜씨도 어여쁘게 단장하고, 거친 음식에도 향미롭게 스며들어 인간의 후각과 미각을 행복감에 젖게 하는 참깨— 세상 어느 맛도 따를 수 없이 깊고 고소하고 달고 쌉싸름한 향미를 품어내기까지 얼마나 고된 행로를 거쳐왔던가. 육혈肉血의 추출물인 한 방울의 기름이 되기까지 부대끼고 들볶이고 짓찧이며 지나온 시간들….

참새 눈물방울보다 작은 몸체로 참깨는 완전한 침묵과 어둠인 땅 속에 떨구어진다. 낱알을 찾아 밭머리를 헤집는 떼까치의 날카로운 부리를 피해야 하고, 무겁게 짓누르는 돌 틈도 비껴나야 한다. 박테리아까지 멸하는 오염된 토양은 빈약한 산소량으로 가쁜 숨을 몰아쉬게 한다.

어렵사리 세상 밖에서 연둣빛으로 눈을 뜰 때 이상기후는 때 아닌 눈을 퍼붓고, 우박이라도 내리면 희멀거니 얼어붙거나 압사의 처참함을 면할 수 없다.

봄비로 깻잎이 도톰해지고 대궁에 속살이 들면 깻내음이 살포시 밭두렁을 감돈다. 수수한 연분홍빛 참깨꽃이 필 때면 한여름 뙤약볕이 잎새 가득 진록의 수액을 담고, 그 잎을 갉아먹은 깻망아지도 꿈틀대며 덩달아 살이 오른다. 꽃과 열매를 탐하여 온종일 이 그루 저 그루 옮겨다니는 깨밭의 무법자에 작디작은 깨알은 늘 속수무책이다.

그 즈음 반갑지 않은 손님 태풍의 무리는 이 땅을 찾아들어 지축을 뒤흔들며 온 세상을 휘저어 놓고, 이리저리 쓰러지는 깻단마저 뿌리째 뽑아버릴 듯 밤새껏 폭우를 쏟아 붓는다. 어리고 여린 참깨들은 옹기종기 깍지 속에 들어앉아 상하 좌우로 요동치는 깻대에서 떨어지지 않으려고 안간힘을 쓰며 밤을 지샌다.

여름은 위대하나, 모든 생명을 담보로 살아야 하는 참담한 시간, 두려움의 계절이다.

서쪽에서 선들바람이 불어오면 깊은 하늘을 바라보는 식물들의 평화도 넓고 깊어진다. 그 노래 속에서 참깨는 속속들이 영글어 간다.

농부는 오진 참깨 송이를 손으로 건드려 톡톡 튀어오르는 깨알의 재롱을 보며 흐뭇하게 미소짓고, 농부의 아내는 수입 곡물을 아랑곳 않는 장금場金을 가늠하며 까무잡잡한 얼굴을 파하며 들녘을 본다.

깻잎이 누르스름해지고 대궁도 헐춤해질 즈음이면 볕 좋은 날을 잡아 멍석 깔고 사정없이 깻단을 두드린다. 오소소 떨어져 금싸라기 같이 모여드는 신통방통한 참깨, 살살이 모으는 재미가 깨소금 맛이요, 깨를 터는 부부의 정리情理로 깨가 듬뿍 쏟아지는 진풍경이 벌어진다.

그러나 어찌 이것으로 곡물로 최상의 품위를 유지하는 참깨의 엑기스적 성분을 멋들어지게 뽐낼 수 있을까.

추수를 거쳐 깨알의 형상으로 세상에 나왔으나, 참깨는 제 맛을 내지 못한다. 한갓 낱알에 불과하여 참새와 비둘기의 먹이로 적당할 뿐, 인간에게 향미를 제공하기까지는 인간이 가하는 크나큰 고통과 처절한 과정이 그를 기다리고 있다.

참깨는 뜨겁게 달구어진 번철 위에 얹혀 달달 볶이는 고난도의 형극을 거친다. 참을 수 없는 화기火氣에 화들짝 튀어올랐다가 주저앉기를 몇 차례, 더도 덜도 아니게 노릇노릇 익어야만 고소한 향내를 한껏 품을 수 있다.

그것도 다음 참형의 예고일 뿐이다. 섭씨 1백 도 이상의 고열에서 피부마저 갈빛으로 익은 참깨는 강한 압축기에 온몸을 밀어 넣는다. 깨지고 부서지고 으스러지며 방울방울 무형의 액체로 변모하는 참깨의 일생— 한 알의 참깨가 고육苦肉으로 지고지순한 목표, 일생의 결정체를 완성하는 광경을 보며 사람들은 세상에서 가장 달고 고소한 향미를 예찬한다. 누가 생존을 구차하다 할 수 있을까. 척박한 생의 모습을 천박하다고 할 수 있을까. 또 다른 존재의 생존을 볼모로 이어지는 문화라는 미명의 생활만을 존귀하고 아름답다고 말할 수 있을까.

폭염 속에서 더 달게 영글고, 들볶일수록 더 고소해지며, 압사의 경지에서 진액을 자아내는 통달通達과 무욕無慾의 생— 참깨는 존재를 털어버린 채 향미를 제공하고, 우리는 풍요로운 식탁에 둘러앉아 미각을 즐길 뿐이다.

이름

딸아이는 '은비'라는 제 이름을 늘 자랑스러워한다.

진부한 한자 이름도 아니고, 억지로 꿰어 맞춘 한글 이름도 아닌 것이 들으면 들을수록 예쁘다며 이름경연대회에 나가보자고 조르기도 한다. 한 학년 올라갈 때마다 새로 담임을 맡은 선생님으로부터 "은비, 이름도 예쁘니 공부도 잘 하겠구나." 하며 눈길이라도 받는 날이면 아이는 일기장에 이름의 내력과 감사를 잊지 않고 적어 넣는다.

첫딸을 낳은 지 한 달이 가까워오도록 이름을 짓지 못해 난감해하고 있었다. 어른들은 작명가에게 맡겨보라고 했다. 그렇게 짓는다면 반듯한 이름 하나쯤 얻어내긴 하겠지만, 굳이 내 손으로 아이의 이름을 지어보고 싶었던 것은 알게 모르게 마음속 깊이 끓고 있던 문학에 대한 열망의 발로였는지도 모른다. 아이를 바라보며 이름을 생각한다기보다 상념의 갈피를 뒤적이며 이름을 찾아 헤매는 형편이 되다 보니, '이름을 지으면 바로 알려 달라'는 남편의 당부가 오히려 부담스럽게 느껴지기도 했다.

출생신고기간을 며칠 남기지 않은 어느 날, 창밖에는 이슬비가 내리고 있었다. 잠잠했던 방랑벽이 되살아나며 골목이라도 한 바퀴 휘돌아올까 생각하였다. 잠자는 아이를 바라보니 그것도 마음이 편치 않은 일이어서 고즈넉이 방을 지키는 수밖에 없었다. 볼륨을 낮춘 라디오에서는 한때 젊은이들을 열광시킨 클리프 리차드의 〈실버 레인(Silver Rain)〉이 은은히 흘러나온다.

'실버레인, 은실비, 은비, 비….'

비라는 실체에 대한 언어의 작위가 시작되었다. 드디어 딸에게 '은비'라는 이름이 붙여지고 아이의 사주에 한자의 획수를 맞추어나갔다.

보통 이름 짓기는 사주에 걸맞는 한자로 짝을 맞추는 것이 우선이고 항시 음운은 그 한자를 읽는 것으로 대신하지만, 나의 이름 짓기는 그 반대가 된 셈이다. 은혜 '은恩'은 뜻도 좋고 획수도 맞아 쓰임이 적당하지만, 이름자로 잘 쓰지 않는 '비'자가 문제이다. 흔히 쓰이는 왕비 '비妃'는 왕족이 연상되어 그 호사스러움이 탐탁지 않고 획수도 맞지 않아 끝내 찾아낸 것이 향기로울 '비馡'이다. 때로 한자로 쓴 은비恩馡는 비의 변을 읽는 사람이 있어 '은향'이 되기도 한다. 궁리 끝에 아이의 이름은 꼭 필요한 경우가 아니면 한자는 쓰지 않기로 하였다.

친구들은 "촌스러운 네 이름 콤플렉스 때문에 딸애의 이름은 일품으로 지었구나." 하며 한 마디씩 거들었다. '옥자玉子'라는 내 이름이 불만스러운 적은 별로 없다. 고향에서는 한 학급에 작은 김영숙, 큰 김영숙, 점례, 덕자 같은 토속적 이름이 허다한 가운데 내 이름은 무난히 쓰이던 편이었기 때문이다.

5대 조상의 제사를 모시는, 아들 없는 종손 집안의 넷째딸—어느모로 보나 달가울 리 없는 출생에 부모님은 한숨만 쉬었을 것이고, 어머니는 산후가 좋지 않아 도청 소재지에 하나뿐인 종합병원에 장기 입원중이었다. 언니들은 길에서 주워들은 옥자라는 이름이 한없이 예쁘게 들려 갓 태어난 동생에게 그 이름을 붙여달라고 며칠이고 아버지를 졸랐다고 한다.

일제의 잔재로 일본 여자 이름 끝에 흔히 쓰이는 자子는 국적없는 이름이라 하여 반일감정이 일 때마다 들먹이더니 '순자' '영자'가 정계와 재계를 휩쓸고 간 후에는 '자子를 달지 못한 여자는 행세를 할 수 없다'는 속설로 내 이름까지 곤혹스럽게 한 적도 있다.

절친했던 친구 P가 결혼했을 때, 그의 남편은 나를 두고 "당신 친구 이름 좀 바꾸라고 해." 하며 농담을 했다 한다. 그러나 그때는 이미 나에게 이름은 그다지 필요하지 않은 시기였다. 내 이름은 주민등록증이나 의료보험증, 항공권 등에나 가끔 쓰일 뿐, '은비 엄마'로 통용되어 딸 이름의 이미지가 내 못난 이름의 연막이 되어주고 있었다. 옷 수선을 할 때도, 예금통장에도 나는 은비라는 이름을 사용했고 먼 곳에서 남편이 나를 찾을 때도 "은비야!" 하고 부르는 것이다. 은비의 성장과 함께 나의 이름은 차츰 잊혀져갔다. 은비라는 딸의 이름 뒤에서 그것은 과거 속에 잠시 머물었던 기억으로 퇴색되어 갔다.

그러던 어느 날, 원고지 위에 적어 넣기 시작한 나의 이름-타임머신은 종횡무진으로 과거와 미래를 넘나들며 나의 실체를 바라보게 했다. 그것은 언제나 '이옥자'라는 예쁘지도 않고 개성도 없는 수수한 이름자 아래서 행해졌다.

필명이나 호는 흔히 사용할 수 있는 일이지만, 나의 이름을 바꾸거나 꾸미고 싶지 않은 것은 쓸데없는 아집이나 용렬함 때문인지도 모른다. 과거에 대한 부질없는 애정이 그 이름까지도 부둥켜안게 하는 것인지 모른다.

이름은 제2의 얼굴이라 할 만큼 그 사람을 나타내주기도 한다. 그렇기 때문에 나의 이름을 더 고집하고 있는 것은 아닐까. 나의 얼굴이나 이미지, 고향, 유년시절… 지금의 나를 이룬 지난 날들의 모든 것을 새로운 이름으로 미화하고 싶지 않다.

다시 찾은 촌스러운 이름 아래서 평범한 생활을 엮어가며 가끔은 정결한 고뇌와 작업으로 불면의 밤을 지킬 될 수 있다면, 나는 또 하나의 행복과 만날 수 있을 것이다.

정情

유심有心에서 비롯되나 쉽게 무심無心으로 돌아설 수 없다.

갈증으로 타오르는 사랑이 불꽃이라면, 굽이굽이 흐르는 정情은 물길이다.

정을 말하기로는 폭염暴炎과 한설寒雪의 계절보다, 포근한 봄비와 정갈한 가을 이슬이 좋다. 나직한 봄비가 세상을 푸른 빛으로 소생케 하고 맑은 가을 이슬이 지상의 온갖 열매를 달게 익히듯, 인간 사이를 들리지도 보이지도 않는 무색투명의 정령으로 떠돌며 '너와 나'를 깊고 오지고 질기게 만든다. 미워하거나 깊은 단애斷崖의 슬픔에 잠기기보다, 그리움으로 재회를 준비하는 것도 정든 사람들만의 이별 방법이다.

불가佛家의 오욕칠정론五慾七情論으로도, 유가儒家의 사단칠

정론四端七情論으로도, 기독교의 박애주의로도 풀리지 않는 한국인의 오묘한 정情― 아무리 넘쳐나도 욕은 되지 않으나, 한치라도 모자라면 냉정하고 매정하고 무정하다며 가슴을 치니, 빈한한 처지에 마음밭의 정이라도 서리서리 풀 수밖에 없다.

지나는 길손에게 전하는 물 한 그릇에도 정을 풀어내면 단물이 되고, 쓸어주고 여며대는 여자의 젖은 손길은 헌헌장부를 길러낸다. 콩 한 조각도 나누어 먹는 형제와 친구간의 정리로 보면 40년 동안 이집트 광야를 떠돌며 만나와 물고기의 기적을 행한 '출애굽'이 부러울 바 없다.

어머니의 손 끝에 담긴 음식 맛은 검은 빌딩 숲에서도 막막하게 그리워지는 향수의 뿌리가 되고, 명절이면 곧은 길 굽은 길을 마다 않고 방방곡곡 고향으로 이어지는 사람의 행렬도 이방異邦에서는 볼 수 없는, 수구초심首丘初心과 귀소본능歸巢本能의 정한情恨의 간절한 내력이다. 상례와 혼례에 박봉을 털어 상부상조의 예를 갖추는 것도 정의 교감 때문이고, 망자에 대한 정 또한 극진하여 정든 선산에 안거安居를 정함을 마지막 정리로 알고 모신다. 심심찮게 멱살도 잡히고 패가망신에까지 이르는 사람 보증과 빚 보증도 어려운 처지를 나 몰라라 내칠 수 없는 그 몹쓸 정 때문이다.

때를 지나 찾아드는 식객에게도 따뜻이 상을 차려 대접했다. 동네 걸인이 찾아들까 봐 음식을 남겨두며, 산짐승과 들짐승에게도 고수레로 인정을 베풀었다. 마을마다 음식 동냥은

으레 있는 일이고, 나무 동냥에 젓 동냥, 글 동냥은 통상적이며, 사모하는 남자의 마음을 애걸했던 여자의 사랑 동냥을 적선으로 응해주었다는 어느 시인의 이야기도, 합리성을 앞세우는 서구인들은 절레절레 머리를 내저을 정 많은 사람들이기에 가능한 정경이었다.

'가정의례준칙'으로 관혼상제의 예를 간소화할 요량이었으나, 인정머리 없다는 사적 공론 속에서 목숨처럼 알고 살아온 그 인정이 잡초처럼 밟아도 밟아도 다시 소생하니 처음의 의도는 공염불이 되고 말았다. 빈 쌀독을 두고서도 먼 길 온 손님을 빈손으로 보내지 않고, 망자의 저승길까지도 노자를 쥐어 보내는 습속은 분수 모르고 헛기침한다기보다 정리를 알아 사람값을 하려 했음이다.

분하고 억울하여 송사訟事할 일이 생겨도 인정으로 사정 보아 누이 좋고 매부 좋게 두루뭉술 넘어가고, 동네에 궂은 일이라도 생기면 내 열 일 젖혀두고 앞질러 달려갔다.

정이 정으로 이어져 삼천리 강토가 정밭으로 정을 거두나 달리 만국어로도 형언할 수 없는 것.

정이라는 인간의 사슬은 가끔 사람과 사람 사이를 멍들게도 한다. 그러나 잠시 지나고 나면 그것은 삶의 발효제요 깊은 정으로의 촉진제가 된다.

정에 얽히고 설키어 따끔하게 된서리를 맞아 두문불출로 멍든 마음을 다스리다가도 일렁이는 바람 사이를 설핏 정든 얼굴들이 스치는 순간이면 여지없이 다가앉는 전화기, 수화기를 타고 드는 정감 어린 목소리에 나는 다시 정이라는 묘한 존재의 유연한 노예가 되고 만다. 살갑고 푸근한 구속의 즐거움에 길들여졌기에 정이라는 이름의 마음의 감옥을 찾아들고 만다.

사랑이 운명의 지침을 돌려놓은 '날카로운 첫 키스의 추억'과 같이 남자와 여자를 다스리는 방법이라면, 정은 생활의 지침을 일러주는 '이제는 돌아와 거울 앞에 선 내 누님'같이 사람을 사람답게 살게 하는 방법, 불문율화된 인간의 법칙이 아닐까.

볼 수도 들을 수도 만질 수도 없는 무형으로 떠돌며, 인간을 인간의 체온으로 흐르게 하는 무한한 힘의 존재. 그러나 그 정情도 냉정함이라는 마음의 정으로 정正하게 아우르지 않으면 정淨하고 정貞하게 흐를 수 없다.

강의 노래

티티카카는 안데스 산맥 중부에 있는 호수다. 그곳 사람들은 물 위에 풀잎으로 집을 짓고, 초선草船을 띄워 고기를 잡으며 살아간다. 호수에는 유난히 숭어가 많은데, 사람이 죽으면 수장水葬하여 숭어의 먹이가 되고, 아기가 태어나면 그 숭어를 먹고 자라 어른이 된다. 인근에 잉카의 유적들이 많은 티티카카는 인간과 자연의 합일合一이 가장 신속하고 평화롭게 이루어지는 곳이다.

고향에서 멀어진 후 세월이 흐를수록, 나에게 강은 향수의 발원이 된다. 친구들을 만나면 잡다한 일상은 물결에 실려가는지, 중년의 군살은 강바람에 씻겨가는지, 빛바랜 흑백사진을 뒤적이듯 코흘리개 악동과 단발머리 계집애로 법석을 떨며 어린 날의 강가로 향하곤 한다. 산란을 앞둔 연어가 모천母川을 향해 거센 물살을 가르며 귀향하듯, 몇십 년 차오른 향수가 끊임없는 추억 속에서 시간의 물살을 가르며 고향인 강마을로 달음질친다.

강원도 홍천에는 읍내를 끼고 '화양강'이 흐른다. 북한강 줄기인 그 강은 아이들에게 또 하나의 친구였다.

봄빛 속 물밑에서 송사리 떼가 노닐면 물가에 모래성을 쌓으며 날이 저무는 줄도 몰랐다. 여름이면 뙤약볕 속에서 하루에도 몇 번씩이나 멱을 감고, 조약돌로 길을 내고 돌집을 만든다.

남자애들은 칼같이 뾰족이 솟아오른 '칼바위'에서 깊은 물로 뛰어내리기를 하고, 짐승이 아가리를 벌린 듯한 바위 밑으로 시퍼런 물살이 소용돌이치는 '아갈바위' 근처에서 용감하게 헤엄치는 것을 자랑삼았다. 여름이면 여울진 곳에 어항을 놓아 고기를 잡고, 겨울이면 깨어져 흘러가는 얼음장을 뗏목처럼 타고 놀았다.

강은 전설을 담고 있어 더 큰 호기심을 갖게 한다. 그 옛날 홍수가 져서 온 마을이 떠내려갈 지경인데, 바위 위에 닭 한 마리가 올라가 홰를 치며 크게 울자 비가 그치고 날이 개었다는 '닭바위' 얘기는 '노아의 홍수'를 방불케 한다. 그곳에서 산 기슭으로 향하는 풀숲에는 피부병에 그만인 약수가 있고, 그 곁에는 한겨울에도 따뜻한 물이 퐁퐁 솟아나는 샘물이 있다. 사공이 노를 젓는 나룻배가 있는 갈마곡리 초입에 이르면 물방

앗간과 상여집이 있었다. 그 너머로 여우가 글 잘하는 총각을 홀렸다는 '여우고개'가 있다. 강가에서 놀던 아이들이 좀 심심해지면 꽤 먼 거리인데도 그곳까지 돌아다니며 신이 나 했다.

눈 녹아 흐르는 물로 버들강아지 눈을 틔우는 이른 봄날의 아스라한 강, 시뻘건 물살로 돼지와 초가지붕도 휩쓸어가던 홍수진 강, 빗방울 사이로 소근대며 흐르는 초록빛 여름 강, 하늘을 담아 더 푸르고 깊던 가을 강— 그 강을 바라보며 읍내는 번창했고 열매는 익어갔으며, 아이들은 자라 그 강물이 흘러가는 도시로 떠나곤 했다. 맑게 재잘대며, 우렁차게 콸콸대며, 때로는 처연한 목소리로 흐르는 강물. 그 노래는 혈맥까지 흔적을 남겼는지, 나는 지금도 강 마을을 그리워하는 미숙한 중년으로 도시를 서성인다. 거친 물살에 멍이 들어 분홍빛으로 변해버린 연어의 살결처럼 얼굴에 번진 잔주름과 흰 머리칼, 굵은 손마디, 모두가 당연한 모습이다.

숭어의 먹이가 되는 것을 순리로 아는 티티카카 사람들처럼, 모두가 무상하여 변하고 쇠락하여 스러져 가는 것이 자연의 법칙임을 알게 된 것도, 그 법칙에 순응하리라는 다짐도, 끝없이 흐르는 고향의 강물이 들려준 노래 때문일 것이다.

집 이야기

육신은 마음의 감옥
집은 육신의 감옥
사람들은 날개를 달아 길을 만들고
나는 출구와 입구 사이를 서성이고
떠남은 돌아옴의 예행연습

하얀집

사람들은 우리 집을 '하얀 집'이라고 부른다. 남향받이 언덕에 화려하게 지은 이웃집과는 달리 단아한 석회 외장이 흰빛으로 보이기 때문이다.

이사온 지 얼마 안 된 봄날, 언덕 아래 꽃마을에서 초화草花

몇 판을 산 후 배달을 위해 번지수를 알려주었더니, 꽃가게 여자가 "아, 하얀 집이오." 하며 밝게 웃는다. 집을 지은 사람이 '하얀 집'이라는 택호를 지어 대문 앞에 달아놓지도 않았고, 그 이름이 유별나게 좋아 붙여진 것도 아니다. 초롱꽃이나 나팔꽃처럼 동네 사람들이 다른 집과 구별하기 쉬운 특징을 들어 그렇게 불렀을 것이다. 사람들은 '화이트 하우스'니 '카사 비앙카'니 하여 현판을 만들라고도 하지만, 못난 구식 이름이어도 내 이름을 바꾸지 못하는 것처럼 나는 그냥 '하얀 집'이라는 이름이 좋다.

처음 집을 방문하는 사람은 골목을 돌아들며 햇살에 부딪치는 흰 빛을 좇아 대문 앞에 서게 되고, 꽃집 여자는 점원에게 쉽게 집을 알려줄 수 있으며, 우체부는 자신 있게 소포 꾸러미를 던져 넣을 수 있을 것이다. 우리 집 내력을 아는 시인이라도 있다면 조촐하고 소박하며 아스라한 날개를 닮은 '하얀'이라는 형용사에 꿈을 달아 시상詩想에 젖을 수도 있다. 60년대를 기억하는 사람들은 케네디와 재클린의 스토리, 비키가 부른 '화이트 하우스'를 생각하며 젊음을 회상할 수도 있다.

인간은 환경과 외모를 운명적으로 타고나듯, '하얀 집'은 외양따라 자연스레 이름이 붙여졌다. 그 이름은 나에게 삶의 방향을 제시하는 것이 아닐까 하는 생각에 잠길 때가 있다. 하얀 마음으로 하얀 꽃을 심고, 어디로 떠나건 하얀 집을 향하라는….

하얀 집 이층 동쪽에는 신비한 방이 있다. 동남의 두 면과 지붕으로 이어지는 천장이 유리로 된 방이다. 낮이면 우면산과 서초동 일대가 조감도처럼 걸려 있고, 밤이면 크고 작은 불빛과 네온 사인이 어둠의 바다를 떠받치고 있다.

바람이 불거나 비가 내리는 날이면 나는 혼자 그 방에 있기를 좋아한다. 창문을 흔드는 바람소리로 태고의 늪에 잠기고, 유리를 무겁게 때리는 빗소리로 짧은 해갈이나마 기나긴 갈증을 다독인다.

갈증은 우리에게 얼마나 큰 허덕임을 강요하는가. 그러나 모든 길은 불꽃 같은 욕망보다 내밀內密히 피어오르는 갈증으로부터 열리기 시작한다. 해갈을 위한 돌파구를 찾아 이 길 저 길 헤아려 보는 습성으로부터 반딧불이 보이고, 별빛과 달빛, 이글거리는 태양까지도 담을 수 있는 가슴이 열린다.

푸른 집

짧은 해갈은 더 긴 갈증을 몰고 온다. 갈증은 모르는 사이에 하얀 집 밖으로 길을 만들어, 유리로 된 방에 누우면 밤바다의 별빛 사이로 아시아 북쪽 대륙이 나를 부르곤 했다.

7월의 몽골은 온통 초록 나라다. 비가 적은 고원지대에 형성된 초원에는 노랑 보랏빛 꽃들이 짙은 쑥 냄새 사이로 농밀한 생명력을 내뿜는다. 말을 탄 사내는 양과 염소, 말과 소떼를 한가롭게 몰고, 붉고 거친 얼굴의 아낙들은 이방인에게 마유주

馬乳酒를 권하며 온순하게 웃는다. 어쩌다 내리는 비가 생명수인 듯 지붕 위에서 말리는 치즈에 스며들어도 마음 쓰지 않고 내버려두는 곳, 마을은 드물고 목초지를 따라 이동하는 두어 채의 천막집, '겔' 사이를 사람들은 말을 타고 왕래한다.

울란바트로에서 울퉁불퉁한 국도를 따라 6시간 달려간 '비양고비'는 고비사막에 인접한 오아시스라지만, 눈을 씻고 둘러보아도 숲과 샘은 보이지 않는다. 지평선에 지은 겔 몇 채가 푸른 들녘과 어우러져 몇 개의 점으로 가물댈 뿐이다.

겔은 동물의 가죽과 천, 나뭇가지로 지은 둥근 원형 공간으로, 이동하기에 편리하도록 쉽게 짓고 접을 수 있는 몽고인의 전통가옥이다. 안쪽 주변으로 돌아가며 가구와 침대를 배치하고 중심부에는 난로와 식탁을 놓는다. 밖에서 보기보다 안에 들어서면 넓고 아늑하며, 가축 냄새와 젖 삭는 냄새가 어우러진 독특한 냄새가 배어 있다. 낮이면 쏘는 듯한 직사광선에 과장된 유화 같은 뭉게구름의 그림자가 유일한 그늘막이고, 밤이면 뚝뚝 떨어질 것 같은 별떨기들이 추위에 떨고 있어 활활 타는 장작불을 곁에 두어야 잠들 수 있는 곳이다. 어렵사리 구한 알전구 하나로 온 가족이 밤을 지켜야 하는 곳, 끝 간데없이 펼쳐진 푸른 지평선이 절망처럼 다가들어 외로움의 끝도 찾을 수 없을 것 같던 유목민의 집에서 오랜만에 깊은 잠에 빠질 수 있었다.

길이 없기에 수천 수만 갈래의 길을 만들 수 있는 초원, 나는 타임캡슐에 실려 40여 년 전쯤으로 돌아가 모체母體의 자궁을 닮은 푸른 집에서 무념無念으로 두 밤을 자고 길을 나섰다.

회색 집

40여 년 전, 나는 '회색 집'에 살았다. 큰 나루가 있었다는 진리津里 96번지에는 회색처럼 슬프나 아름다운 사연이 담긴 집이 있다.

어머니는 그해 초겨울 읍내에서 제일 잘 지었다는 '회색 집'을 1백만 원이 넘는 거금으로 선뜻 계약하셨다. 초가와 판잣집, 아담한 기와집이 전부였던 고장에서 유일하게 붉은 기와에 회벽과 시멘트로 멋을 내고 현관문으로 출입을 하며 방이 6개나 되는 양옥집은 읍내 사람들이 구경이라도 하고 싶어하던 집이다. 허황되고 사치스러운 분이 아닌 어머니지만 그 집만은 유별나게 애착을 가지셨다. 병약한 몸으로 나를 데리고 그 집에 들러 이곳저곳을 둘러보며 쓸어보고 행복해 하셨다.

어느 겨울밤, 잠결에 어머니의 말소리가 가슴을 파고들었다.

"불쌍한 막내, 총기 있는 아이니 잘 길러요. 내가 죽더라도 그 집 한 채면 끝까지 공부시킬 거예요."

아버지의 긴 한숨으로 이어지던 대화는 꿈속의 일이었는지도 모른다.

온갖 속병에 홧병까지 얻어 몇 년 동안 병석에 있던 어머니는 임박한 죽음을 예감하고 계셨다.

어머니의 신음 속에서 지루한 겨울이 지나고, 자랑스러워하던 회색 집으로의 이사를 스무 날 앞둔 이른 봄에 어머니는 슬픈 걸음새로 먼 길을 떠나셨다. 어머니가 살 수 없어도 사랑으로 마련하셨던 회색 집은 딸에 대한 마지막 배려이며 영혼의 결집물이었다.

어머니의 뜻이 서린 회색 집은 나를 당당한 아이로 길러냈다.
어머니의 뜻을 따른 아버지는 딸을 깊디깊은 사랑으로 기르셨다.
슬픈 사랑의 내력은 나를 생각 많은 사람으로 성장시켰다.

대문 밖으로 길을 만들어 떠나는 것은 오색의 집들이 그리워서가 아니다.

마음과 육신을 행복하게 결박하는 '하얀 집'으로의 귀로를 위하여, 목마른 '나'를 떠나보내는 나만의 아름다운 의식인 것이다.

태백太白의 안개 도시

회색 도시에 안개비가 내린다.

청회색 산비늘 사이에서 도시는 이상한 울음소리를 내는 것 같다. 잿빛 슬레이트 지붕에 게딱지 같은 집들을 밀치며 일어섰다 멀어지고, 거무튀튀한 시냇물이 흐린 산굽이를 돌아간다.

음울한 도시의 환영幻影에 사로잡혀 10여 일을 지내다, 다시 이곳을 찾아든 것은 안개비에 젖어 부유浮遊라는 도시의 모퉁이에서 펄럭이는 한 폭의 현수막 때문이다.

'정주심定住心을 갖자.'

누렇게 바랜 현수막은 비에 축축이 젖어, '정주심'의 검붉은 글씨는 간헐적으로 도시를 부둥켜 안는 것 같다.

사람들은 왜 살던 곳을 떠나려 하는가. 머뭄과 떠남의 기류는 산맥의 깊은 마을에 또 하나의 고독한 전설을 새긴 채 대관

령과 진부령, 미시령, 싸리재, 느릅재를 넘으려 한다.

태백산맥은 수천, 수만 년의 풍우를 새기고 나무와 꽃, 짐승들을 가꾸며 구름의 넋을 바라보고 있다. 온갖 이야기들이 피어나고 스러지며 연륜의 테를 쌓고, 이름 모를 사랑과 슬픔이 잦아든 꽃들은 턱없이 높은 산마루를 바라보며 구름이 흘러가는 바깥 세상을 그리워한다.

먼 옛날, 태백은 심장 가까이에 얼음처럼 차가운 지력知力과 불처럼 뜨거운 감력感力으로, 무르고 굳은 돌과 희고 검은 흙을 품어 안아 풍상의 기氣를 모은 곳이다. 검푸르고 외진 협곡에 바람을 모으고 햇빛을 가두어 사람들의 발길을 머물게 했다.

태백시와 도계, 장성, 사북은 고생대 평안계 지층에 질 좋은 무연탄을 매장하고 있는 태백산맥에 도시의 꽃을 피운 고장이다. 산맥을 넘나드는 태백선의 기적소리는 태고의 정적을 깨며, 사연 많은 세상의 소문과 유행을 물어 나르고, 사람들을 그 열차에 7·80년대의 주된 에너지를 실어 보내며, 취하고 사랑하며 고된 노역을 짊어지고 살았다. 사람들은 불빛을 찾아 꾸역꾸역 모여들고— 가난한 사람과 소외받은 사람, 못난 사람, 방황하는 사람, 지친 아나키스트, 성직자, 이데올로기의 순교자, 모두들 발을 들여놓았다. 그들을 따라 여자들도 모여 들어 남루하고 쓸쓸한 도시의 외양과는 달리 시내 중심부는 반듯한 상가가 이어져 나갔다. 다양한 패션과 유흥업소는 여자와 남자에게 밤낮을 잊게 하고, 그들은 지하 수백 미터의 혈맥을 헤집으며 광물을 모아 사랑을 만든다. 웅대한 먹이사슬은 숱한 설화와 전설을 만들며 동해의 검푸른 물결을 껴안고 있다.

갱부坑夫들은 하루 8시간의 채탄 작업으로 기본적인 의식주의 해결이 가능했기 때문에 번잡한 현실과 황망한 이상에 오염되지 않아 더 행복했는지도 모른다. 그러나 빛과 어둠을 가르는 갱도에 실려 분진 속에서 강행되는 노역은 과다한 알콜과 힘찬 피돌기를 요구했다. 거센 감정의 분화구는 막장 밖의 도시를 더 붉고 화려한 불빛으로 장식하며 30여 년 동안 태백의 산정을 밝혔다. 그 열기 속에서 사람들은 사랑도 검붉게 익혀 갔다.

우리들의 겨울을 따뜻하게 감싸주던 푸른 불꽃의 저 편에 이어졌던 좁고 어두운 갱구— 광부는 폐부에 먼지덩이를 쌓으면서도 푸른 하늘과 목초지, 곡식이 영글어가는 논밭을 그리워하지 못한다. 몇십 년 동안의 어둠 속에서의 생활은 햇볕에서 노동을 견딜 수 없게 그들의 체력을 퇴화시켰고, 막장을 떠나 살 수 없이 어둠에 중독되게 하였다. 여자들은 산맥을 넘어 한번 떠나면 돌아오지 않으나, 남자들은 이 도시를 벗어났다가도 오래지 않아 다시 찾아든다. 여자는 사랑의 바위를 지나 영嶺을 넘으나, 남자는 생활이라는 과제를 메고 협곡을 찾아온다. '시지프스의 산'은 누구에게나 숙명을 강요하지만, 여자와 남자가 짊어진 삶의 질과 양은 전혀 다른 것이다.

번득이는 시가지 외곽의 좁은 골목에는 슬레이트 지붕으로 연이은 허름한 집들이 즐비하다. 골목 어귀 처마 밑에 노인들이 서넛씩 모여 앉아 있다. 누리끼리하고 깡마른 얼굴로 담배를 피우거나 그륵대며 기침을 해댄다. 후줄근한 비는 그들을 더 초췌하게 만든다. 판자집을 낀 개천은 비를 맞으면서도 검게 흐른다. 흙도 물도 거무스름하다.

아이들은 머리를 적시며 고무줄 놀이를 한다. 허름한 블록벽과 검은 냇물, 쿨럭대며 잦아드는 노인들 속에서 아이들은 별떨기처럼 반짝이며 나풀댄다.

길다란 도시를 껴안듯이 둘러선 산이 검은 흙으로 붉은 꽃과 푸른 잎새를 틔워내듯 검은 분진과 육신의 피울음 속에서도 아이들은 자라고 생명의 웃음소리는 음울한 도시의 뒷켠을 가로지른다.

이제 도시는 화려했던 꽃잎을 접으며 향수에 젖어들기 시작한다. 사람들은 선술집을 가득 메우던 노랫가락과 남자들의 거친 박동소리를 기억하며 먼 나라에서 유조선에 실려오는 천연가스와 기름으로 대체되는 에너지의 현실을 쉽게 수긍하고 싶어 하지 않는다. 남자들은 하나 둘씩 재를 넘어가지만, 도시는 그들이 다시 돌아올 것을 믿으며 열정을 되찾으려 한다. 내일이면 외국군 부대가 밀물처럼 주둔지를 빠져나갈 것이라는 소문을 거부하듯 외면하고, 짙은 화장을 위해서 오늘도 거울 앞에 다가앉는 기지촌의 여자처럼….

매스컴은 세계적인 추세와 얄궂은 수치를 제시하며 도시의 명멸을 다그치고, 관공서는 거창한 슬로건으로 도시를 지키려

하는 유리遊離된 조건 속에서, 어렴풋한 예감은 낡은 기폭에 '정주심'이라는 말을 새기게 한다.

사람들이 떠나는 것은 모든 생물체가 진화되며 또 다른 먹이를 찾아 군락을 이루기 때문일 뿐, 깊고 검은 태백산맥이 인간을 배반했기 때문이 아니다.

태백산맥이 탄전을 따라 꽃피웠던 크고 작은 도시들을 안개로 잠시 머물다 간 영겁의 꿈이었거나, 지구라는 둥근 벌판 귀퉁이에 잠시 일었단 잦아든 작은 돌개바람인지도 모른다. 도시는 멀지 않아 침묵 속에서 안식의 세월을 맞고, 사람들은 석탄이 뿜어내는 연기만큼이나 뜨겁던 도시를 아득한 전설로 이야기할 것이다.

멀리 태백산의 영봉이 보이는 '싸리재' 초입의 폐광 선로가에 검은 손수레 한 대가 창백하게 '정주심'을 읊조리는 듯하다. 검은 언덕 아래 짜부러드는 판잣집은 유난히 길게 연통을 빼물고 있다. 갈갈이 뜯어진 창호지 문 사이를 지나 태백의 바람은 영嶺 넘어 갈 채비를 서두른다.

나무와 꽃, 무상無常의 물체를 흔들고 지나가며 살아 있음을 알리는 바람처럼, 태백산맥의 줄기를 타고 피어났던 정열의 도시는 안개비 속에서 이방인의 마음을 쓸쓸하게 흔들고 있다.

가면놀이

눈물이 흐를 때는 웃음의 가면을 쓴다
미움이 일 때면 사랑의 가면을 쓴다
산다는 것은 마음의 유리성을 하나하나 깨뜨리며
예기치 않은 가면놀이를 시작하는 것
그 파편들을 모아 낯선 가면들을 만들어가는 것

중남미 박물관 정면 전시실에는 2백여 개의 가면들이 전시되어 있다. 하회탈과 산대탈, 봉산탈로 대변되는 우리나라 가면들은 사뭇 익살맞고 해학적인데, 멕시코 가면들은 둔탁하고 진지하며 괴기스럽다. 우리 가면이 우스꽝스럽고 풍요로운 감정을 지닌 것과는 달리 계급의식을 타파하려는 민중예술의 목적을 띠고 사용된 데 반하여, 멕시코 인디오들은 카니발에서 가면을 쓰면 잠시나마 자신의 영혼으로부터 해방되어 새로운 인간으로 대신된다고 믿었다.

고금을 막론하고 현실은 누구에게나 고통의 해일임에 틀림없고, 가면은 인간에게 끊임없이 자유의 출구 역할을 담당했다.

사람들은 '자연으로 돌아가라'는 루소의 말을 빌려 문명이 빚어낸 현대인의 가면을 벗어야 한다고 경고한다. 모든 성현은 위선과 허영의 가면이 순수한 인간성을 파멸시켰다고 개탄한다. 종교는 인위적인 가면을 벗고 인성人性대로 살아야만 극락과 에덴의 복락을 되찾을 수 있다고 설파한다.

그러나 공자는 백중인격자로서의 가면을 대인對人과 격식에 맞추어 썼기에 성인의 반열에 오를 수 있었다. 사람들은 가면적인 인간을 혐오하면서도 가면이 필요하기에 수없이 많은 가면을 만들고, 화려한 가장무도회를 준비하며, 서로의 얼굴을 감춘 채 가면놀이를 즐긴다.

나에게는 열 살 무렵부터 가면이 필요했다.

늘 나를 슬픈 마음으로 바라보는 아버지를 위해서, 어머니를 빨리 잊어버리고 태연하고 밝게 웃는 귀여운 계집아이의 가면이 필요했다. 그러나 그 가면을 준비하는 것은 너무나 힘든 일이었다. 사사로운 감정은 접어버린 듯이 책을 읽고 공부를 하는 것으로 아버지를 기쁘게 해드렸다. 마음의 가면을 읽지 못한 아버지는 나를 한없이 기특해만 하셨다.

열다섯살 무렵에는 뮤즈의 가면이 필요했다. 문학도를 향한 희미한 사랑의 감정도 그것을 필요로 했지만, 지상에서 가장 세련되고 아름다운 부분은 예술이라고 생각했기 때문이다. 시집과 레코드를 사모으고 편지를 쓰며 지새던 많은 밤들 속에서 어설픈 시인의 가면을 만들며 십대를 지냈다.

대학에 입학하자 촌스러운 강원도 여대생의 열패감은 파리지엔의 가면을 만들게 했다. 발 빠르게 외국어 회화 학원에 등록을 마친 후, 충무로의 양장점과 미장원을 드나들었고, 값비싼 카페의 커피 맛을 즐기며 아다모와 앙리코 마샤스의 비음에 길들어 갔다.

결혼과 함께 더 많은 가면이 필요해졌다. 사랑스럽고 현숙한 여인의 가면을 만드는가 하면, 깊고 따뜻한 모성의 가면을 만들고 엄숙하게 제례의 일습을 준비하는 종부宗婦의 가면, 피에로를 닮은 예술가의 가면까지 두껍게 만들어 쓰곤 했다.

자의건 타의건 그것은 나에게 절실히 필요했고, 때로는 나를 순수라는 맹목적 어리석음으로부터 구원해주기도 했다. 나의 가면을 준비하는 만큼 타인의 양식대로 만든 가면을 질책하지도, 벗으라고 강요하지도 않는다.

나는 지금도 몇 개의 가면을 준비하며 거리를 나선다.

세찬 바람이 발길을 재촉해도, 어렵고 구차한 삶을 만나면 위선의 가면을 만들어 따뜻한 가슴 한 조각을 적선한다. 허풍스러운 사람을 만나면 위악僞惡의 가면을 쓰고 더 크게 허세를 떨며 그들을 제압하려 든다. 맑은 눈망울에 얼룩진 옷을 입은 아이들을 만나면 천사의 가면을 쓰고 그들의 불행 속 천진함을 찬양하고, 외로운 노인들에게는 순하고 편한 아낙의 가면을 준비하여 위안의 말들을 상냥하게 늘어놓는다.

사람들을 만나면 내가 분위기를 불편하게 만든다는 딸아이의 충고를 들은 후로는 모임이 있는 날이면 수다스러운 여자의 가면을 준비하여 너스레를 떨고, 올이 나간 스타킹 신은 것을 보고 내게서 사람의 냄새를 맡을 수 있었다는 말을 듣고는 가끔 실수를 가장하여 떠벌리는 교활한 여자의 가면도 쓴다.

'자신의 허점을 내보이지 않으려는 사람은 위선자'라는 경구가 마음에 걸리기도 했지만, "위선과 허영을 빼면 무엇이 사는 것이냐."는 어느 분의 예리한 말에 나의 가면놀이는 다시금 흥을 찾는다.

책과 영화는 또 다른 가면놀이를 제공한다. 멕시코 동해안의 또또낙 인디오처럼 허구의 세계 속에서 주인공의 가면을 쓰면 나는 새로운 영혼으로 태어난다. 새로운 삶 속에서 새로운 사람들을 만나고 신비로운 사랑에 젖으며 미지의 여정旅程을 지나기도 한다. 그것은 또 다른 인생을 경험하게 하는 나름의 생생한 방법이기에 끊임없이 책을 읽고 영화를 보며 아무런 의혹 없이 누군가의 이야기에 빨려든다.

오늘도 거울 앞에서 또 하나의 가면을 그리며 사람들과의 약속을 준비한다. 40여 년 동안 썼던 그 어느 가면보다도 아름답기를 소망하며 화장을 시작한다. 열등한 동물일수록 수컷이 화려한 모습을 지녔고, 유약한 마음을 감추고 남자답게 보이기 위하여 헤밍웨이가 덥수룩하게 수염을 길렀듯이, 세월은 거울 속 내 얼굴에 과장된 윤곽의 가면을 만들라고 한다.

'나는 생각한다. 그러므로 나는 존재한다'고 데카르트는 말했다. '나는 느낀다. 그러므로 나는 존재한다'고 카사노바는 말했다.

누군가 나에게 "무엇이 너를 존재하게 하느냐."고 묻는다면, 나는 서슴없이 "가면놀이"라고 대답할 것이다.

거짓말 같이 날아가버린 세월은 나에게 수없이 많은 가면을 만들게 했는데, 쏜살같이 날아들 시간들은 더 낯선 가면들을 요구할 것이다. 그럴 때마다 나는, 순수라는 자아를 접어둔 채 삶의 양식에 맞춘 가면을 더 정교하게 만들어 사람들에게 다가설 것이다.

〈사랑에 상심하는 피에로〉를 완성한 드뷔로의 행로처럼 아름다운 가면놀이에 열중할 것이다.

여든 개의 촛불

어둠 속에서 촛불이 타오르고, 사람들은 노래를 부른다.

"사랑하는…"

아버지와 어머니, 언니와 동생, 남편과 아이들은 나를 에워싸고 생일을 축하하는 노래를 부른다. 아버지는 촛불 너머로 마흔 살의 딸을 바라보며 젖배 곯던 어린 날의 모습을 연상하는지 지그시 눈을 감으신다.

나는 왜 가족들에게 슬픔의 덫을 씌우고 있는 것일까.

생일 전날 저녁, 남편은 퇴근길에 케이크를 사들고 왔다. 봄과 함께 시작된 이름 없는 병마가 고된 신역身役을 몰고 와, 담담한 나의 태도에 집안은 짓눌리는 분위기였다.

밤공기가 선듯한데도 빗소리를 들으려고 부엌 창문을 열어놓은 채 설거지를 한다. 언젠가 남편은, 슬퍼 보여서 마음을 붙잡던 스물네 살의 내 모습이 평생의 멍에가 되었다고 말한 적이 있다. 빗소리 속에서 나의 뒷모습을 안쓰럽게 바라보기가 민망했던지 남편은 방으로 들어가버린다. 흘끔대며 눈치를 살피던 아이들도 자기 방으로 들어가고, 식탁에는 마흔 살을 알리는 색초가 든 케이크 상자만 놓여 있다.

생명을 틔우는 봄비가 내리는 날이면 슬픔으로 부유하는 나의 복병은 서른이 지나고 마흔이 되어도 마찬가지이다. 내일은 마흔 번째 생일. 비는 계속 내리고 나는 설거지를 늘이며 그 소리를 듣는다. 등 뒤로 남편의 한숨소리를 들으면서도 깨어날 수 없는 슬픔 – 나와 가족에게, 현생現生에서는 떨쳐버릴 수 없는 숙명의 일부인지도 모른다.

집안의 정적을 깬 것은 밤 10시가 가까워서 울린 초인종 소리다. 여기저기 방문이 열리고 긴장된 나는 수화기를 들고 누구인가 살핀다.

부슬부슬 내리는 빗소리 사이로 "나다." 아버지의 목소리가 들리지 않는가. 남편과 아이들은 현관 밖으로 달려 나가고 나는 역전된 분위기에 어리둥절한 채 집안에 불을 밝힌다.

"내일 오려다가 아침 미역국을 내 손으로 끓여주고 싶어 막차를 탔다."

어머니는 옷섶의 빗방울을 툭툭 털며 온화하게 웃는다, 품에 안고 있던 케이크 상자를 내려놓는 아버지의 어깨는 빗물로 얼룩져 있다. 고향 삼거리에 있는 제과점 상표와 알록달록한 꽃무늬가 유난히 눈길을 끈다. 봄이 되며 아버지는 전화로 "언제 한 번 다녀가겠다."는 말씀을 하셨다. 그때부터 읍내 삼거리를 지나며 제과점 진열대에서 몇 번이고 눈여겨 보아둔 케이크였을 것이다. 한쪽으로 기울어져 모양이 일그러질까 염려되어 만원 버스에서 정성들여 안고 왔을 것이다. 빗속에서도 품에 안아서인지 따스하게 느껴진다. 찬비에 후줄근한 두 분은 젖지 않은 케이크 상자를 살피며 아이들을 쓰다듬는다.

음력 삼월 스무여드레 – 말을 시작할 무렵부터 나는 이 말을 앵무새처럼 되뇌었다고 한다. 유난히 말이 없는 내 말문을 열려고 사람들은 "네 생일이 며칠이냐?"며 물었고, 나는 재빨리 "음력 삼월 스무여드레요."하고 입을 다문 채 그림처럼 앉아 있었다고 한다. 그래서 친척들과 이웃사람들은 노랫말처럼 내 생일을 기억하고 있다.

생일이면 어머니는 이른 새벽에 수수단자를 만드셨다. 수수의 붉은 색이 횡액과 역신을 쫓아 병마를 몰아내고 행운을 가져온다며 하나라도 더 먹이려고 하셨다. 점심에는 국수를 먹여 명이 길기를 축수하셨다.

아버지는 내가 태어날 때부터 가엾게 생각하셨다. 어머니의 병이 깊어, 나는 그때 젖배를 곯아 위가 쪼그라들었기 때문에 몸이 허약하다고 늘 안타까워 하셨다.

어머니가 세상을 떠나자, 아버지는 내 생일을 더 크게 준비하셨다. 생일 전날부터 친구들을 모이게 하여 외로워할 틈을 주지 않았다. 새 옷을 마련하고 음식을 푸짐히 장만하게 했다. 새어머니는 스무 살이 넘어서까지 수수단자를 만들어 병 없이 곱게 자라기를 축원하셨다. 어머니가 떠난 자리를 마음 쓸까 봐, 아버지는 그늘져 보이는 모습 때문에 늘 고심하셨고, 심성이 고운 새어머니는 지성으로 나를 기르셨다.

그러나 봄은 늘 슬픈 계절이었다.

밤새 내리는 비는 생일날에도 그칠 줄 모른다. 저녁이 되니 '삼월 스무여드레'를 기억하는 사람들이 하나 둘씩 모여든다. 큰언니, 작은언니 가족과 남동생 내외까지 오니 집안이 가득 차는 것만 같다.

다감하게 반길 줄 모르는 내 성품이 오늘따라 못마땅하다. 빗소리가 처량해도 내 얼굴이 밝아 보였던지, 남편은 서글서글하게 정담을 나누고 아이들은 더 이상 눈치를 살피지 않는다.

당신의 울안에서 떠나 있어도 당당히 쌓아올린 성채를 감지했는지, 아버지는 가족 사이에서 활발하게 움직이는 나를 대견한 듯 바라보신다. 언니들은 까탈스럽던 내 어린 날을 이야기하고, 어머니는 깔끔한 성격 때문이라며 역성을 든다.

식탁에는 두 개의 케이크가 나란히 놓여 있다. 남편이 사온 모카케이크는 연갈색 바탕에 작은 아이보리색 꽃이 세련되게 장식되어 마흔 살을 알리는 촛불이 일렁이고 있다. 봄비 속에 막차를 타고 아버지의 품에 안겨온 크림케이크도 원색의 꽃잎에 싸여 마흔 개의 촛불을 켜고 있다. 횡액을 쫓고 장수를 비는 수수단자의 붉은 색조는 진분홍 장미꽃으로 40년의 세월을 장식하고 있다.

여든 개의 촛불은 식탁을 밝히고 가족들의 얼굴을 빛나게 한다. 촛불 사이로 스며드는 어둠의 여운이 우리에게 둥근 테를 두른다. 어둠 저 너머에는 빗소리가 있고, 그 너머에는 또 다른 불빛이 있을 것이다. 그 불빛은 생활의 앙금과 속절없는 슬픔을 다독여 잠재우고 스러졌다가 다시 피어날 것이다. 사랑하는 사람들은 스스로 발광發光하며 끝없는 어둠을 사르고 있는지도 모른다.

"네가 이제 꼭 내 나이의 절반이구나."

노래가 끝나자 아버지는 담담히 말씀하신다.

마흔 살의 아내와 딸을 축하하려는 두 개의 생일 케이크는 여든 개의 촛불로 두 배의 사랑을 담고 있다. 그것은 아버지의 가슴을 에이게 한 40년의 흔적이며 여든이신 아버지께 되돌려야 할 필연의 순간이기도 하다.

어제와 오늘, 사랑에 대한 확인은 알 수 없는 슬픔을 희석시키고, 비는 여전히 내리는데 나는 심호흡을 시작한다.

"한숨에 촛불을 꺼야 한다."

무병장수無病長壽를 비는 아버지의 한 마디에 또 다른 슬픔이 목울대를 타고 오른다.

전등이 꺼지며 쏟아지는 박수소리와 함께….

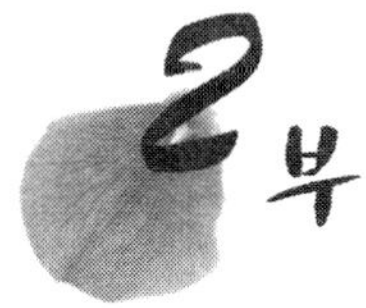

2부

패물 거부증

여성은 선천적인 용모보다도 후천적 노력에 의해서 더 아름답게 가꾸어진다.

예로부터 패물은 아름다운 모습을 이상으로 삼는 여성의 전유물로, 그에 얽힌 희비애락喜悲哀樂은 생활속속들이 가미되어 있다. 요즈음과 같이 개성이 우선하는 시대에는 의상과 함께 여러 가지 장신구가 여성의 아름다움을 돋보이게 한다. 기품 있는 의상에 어울리게 착용한 패물은 세련미를 더해준다.

그러나 나는 패물에는 별 관심이 없다. 반지는 험한 손을 돋보이게 하고, 팔찌나 시계는 날씬하지 못한 팔목을 강조하며, 목걸이는 처진 어깨 때문에 제자리를 잡지 못해, 결점을 조금이라도 감추는 방법으로 치장을 삼가하게 된다. 어쩌면 여성스럽지 못한 성격이 신체의 결함을 타고 패물 거부증세를 보이고 있는지도 모른다.

몽골리안 특유의 펑퍼짐한 얼굴 윤곽이 강인하지 못하여 여성다운 인상을 준다지만, 가까이 있는 사람들은 남자 같은 성품에 머리를 내젓는다. 피아노와 바이올린을 가르치려던 아버지의 뜻에 따르지 못하고, 무용부에 선발되었으나 그대로 달아나버려 선생님의 노여움을 산 일도 있다. 유연하게 하느작거리고 나긋나긋한 분위기를 참지 못하고 야릇한 구토증을 느끼며 거부하게 되는 것이다.

결국 운동부에 들어 심장이 터지도록 뛰며 쾌감을 느끼는 소녀였다. 나른한 인상과는 달리 강했던 승부욕은 빠른 드리볼과 세찬 패스로 거친 태클도 뚫고 나갈 수 있었다. 사람들 앞에서는 수줍어서 제대로 대답고 못하다가도 경기가 시작되면 종횡무진으로 악착스럽게 달리는 모습을 보고 사람들은 의아해 했다. 군더더기가 용인되지 않고 승패의 극한 상황만이 손에 땀을 쥐게 하는 운동경기는 이유와 변명을 좋아하지 않는 성격과 일맥상통하는지도 모른다. 성격은 취향으로 나타나, 아기자기한 것보다는 단순한 의상과 담백한 음식을 좋아한다. 단순지향적 취향은 신체에 장식을 좋아하지 않아, 패물의 필요성을 전혀 느끼지 못하며 생활한다.

결혼할 때도 패물은 필요하지 않다고 말했다. 언니들은 "이 숙맥아."하며 어이없어 했고, 양가에서는 내 의사를 반영하여 기본적인 몇 가지만 준비하도록 결정했다. 사용하지도 않을 패물을 왜 장만해야 하는지 몰라, 보석상에서 요모조모 따져가며 암팡지게 고르기는커녕 우두커니 서 있기조차 민망해 했다. 금은 부귀를 가져오고, 다이아몬드는 영원성을 나타낸다는 음모적인 상술이 싫어 패물을 사용할 일이 걱정스럽기까지 했다.

동갑내기 사촌언니의 약혼식은 성대했다. 사주단자와 함께 받은 패물이 열 벌이 넘는다고 하며 딸을 둔 사람들은 모두 부러워했다. 모든 것이 풍족하여 사람들은 행복해 했다.

아버지는 담담히 내 눈치를 살피셨다. 한 달 후에 치를 딸 약혼식이 걱정스러웠던 것이다. 준비된 패물이 사촌언니의 패물에 비해 변변치 못하여 딸의 마음을 다치게 할까 봐 걱정스러웠던 것이다.

신혼여행지에서 패물을 모두 빼어 가방에 넣겠다고 우기자, 신랑은 어처구니없어 하며 "그러다가 모두 잃어버릴지도 모른다."는 말로 철없는 신부를 달랬다.

그날 이후, 한 번도 패물을 사용하지 않았다. 혼인의 의미라는 신성한 의미도 패물을 지니게 하지는 못했다. 의미는 마음에 새기면 그뿐, 물질로 증명하려는 것이 오히려 순수를 손상시킨다고 생각했다.

시댁에서는 섭섭해 했으나 결혼 패물은 나에게 짐스럽기만 했다. 집을 비울 때면 도둑이 들까 봐 걱정스러웠고, 깜빡 잊고 몇 달이 지나면 없어졌을까 봐 장롱을 뒤지며 허둥댔다. 장롱에서 선반 위 단지와 베갯속, 피아노 의자— 몇 가지 되지 않는 패물은 정처 없이 떠돌며 피신처를 찾았으나 어느 곳도 마음이 놓이지 않았다. 어느 때는 숨겨둔 곳을 잊어버려 골머리를 앓은 적도 있다. 그래도 마음이 좀 놓이던 곳은 보일러 물탱크 저장소였다. 그것도 며칠 뿐, 그곳에 신경이 집중되어 머리를 어지럽혔다.

10여 년 전 집을 옮기면서 미련 없이 패물을 처분할 수 있었다. 집값이 좀 모자라는 것을 핑계 삼아, 예물을 준비했던 보석상에서 아낌없이 흥정하는 나와는 달리 남편은 섭섭하게 생각했다. '파는 일'에는 서툴고 어색하여 어쩔 줄 모르던 내가 활짝 웃으며 가게문을 나서자 남편은 몹시 미안해 한다. 나는 짐스럽던 패물을 팔게 되니 오히려 외출할 때 홀가분하게 되어 좋다며 남편을 위로했다.

얼마 전 친척의 결혼식에 한복 차림으로 참석한 나를 보고 친정언니는 "결혼반지는 어떻게 하고 맨손으로 나왔니? 남이 보면 밥도 제대로 못 먹고 사는 줄 알겠다."며 나무란다. 언니의 손에는 보랏빛이 도는 보석반지가 우아하게 빛나고, 대부분의 여인들은 패물로 곱게 단장되어 있다.

그날 내 모습이 마음에 쓰였던지, 며칠 후 우리 집에 온 언니는 패물함을 보자고 한다. 없다고 하자, 처음에는 농담이겠지 싶었던 표정이 굳어져 "결혼반지를 없애는 사람이 어디 있느냐."며 섭섭해 한다. 내가 "아무리 값진 보석이라도 아름답게 쓰일 때 가치가 큰 것이지, 나 같은 여자에게는 짐스러운 물건이었다."고 설명해도 미심쩍어 한다. 언니는 늘 동갑내기 사촌언니에 비해 초라했던 내 결혼 패물을 섭섭해 하며 그것마저 없앴다니 결혼생활에 액운이라도 끼지 않을까 염려하는 눈치였다.

"반지만이라도 다시 장만하는 게 어떻겠느냐?"는 언니의 제의에 나는 "거저 갖다 주어도 반갑지 않다."며 진심어린 호기를 부렸다. 내가 사용하는 장신구라고는 오다가다 눈에 드는 2,3천원짜리 모조 패물이거나 옷차림에 맞는 모양의 귀걸이 정도이다.

며칠 전 사촌언니가 전화를 했다. 이사하는 날 패물이 없어졌다는 것이다. 신문지에 둘둘 말아 장롱 위에 놓아두었는데, 그 후 어떻게 되었는지 기억이 나지 않는다고 한다. 약혼식날 함에 가득했던 패물의 광채가 아직도 선연한데, 언니는 담담히 그 날의 상황만을 이야기한다. 오히려 내가 어처구니없어 하며 서운해 하자, "시댁 눈치보느라고 처분하지 못했을 뿐이지, 속이 시원하다. 보석꾸러미를 잃어버릴까 봐 외식 한 번 마음놓고 못했다."는 목소리가 명쾌하게만 들린다.

나는 패물을 버렸고, 언니는 패물이 떠나갔다. 패물은 초라한 약혼식과 성대한 약혼식의 기억만을 남긴 채 우리에게서 멀어져갔다. 그것은 보이지 않는 패물 거부증의 자매 곁을 떠나 다른 여인의 사랑을 받으며 눈부신 광채를 발휘할 것이다. 이제는 더 이상 어둠 속에 숨어 있지 않아도 좋을 것이다.

환상여행

청빈과 검약을 덕성의 으뜸으로 삼고 단아와 기품을 요조숙녀의 덕목으로 꼽는다면, 나는 배덕자요 탕아임이 분명하다. '환상 여행' 후에야 활력을 되찾는 오랜 습성은 그런 오명에도 불구하고 나를 시장으로 향하는 길목으로 내몬다.

가슴이 답답하거나 선들바람이라도 불어드는 날이면 이곳저곳 바겐세일을 기웃거리고, 남대문시장 동대문시장 터미널 지하상가까지 훑으며, 어느 때는 검은 옷 일색으로, 또 어느 때는 남보라 연보라 진보랏빛으로, 나풀나풀 공주형, 야시시한 요부형, 시니컬한 유니섹스형의 온갖 옷들을 찾아 끝없이 쏘다닌다. 이 시간, 나는 묘한 흥분에 휩싸여 거의 무의식 상태로 빠르게 걸음을 옮긴다. 백지 위에 그림을 그리듯 이것과 저것, 이 색과 저 색, 이 모양과 저 모양을 비교하고 배합하며 야릇한 갈등과 도취를 지나 선택의 기쁨에 안착하게 된다. 그 순간을 위해서 허기와 피로감도 잊은 채 몇 시간이고 기민하게 훑어보고 재보고 만져보며 그만그만한 가게들을 신들린듯 스치고 지나간다.

꼼꼼히 계획하고 챙기며 살아가도 마이너스 가계부에 노후설계가 시급한 실정인데, 푼수 없고 실성기 같은 행동이 문제성을 안고 있긴 하지만, 나름대로 조이며 숨가쁘게 달리는 틈틈이 화기火氣어린 한숨을 토해내는 방법으로 나는 유예된 방종의 이 길을 찾아 서슴없이 집을 나서곤 한다.

남편은 "또 이 버릇…." 하며 마뜩찮게 웃어넘기고, 아이들은 입지도 못할 옷들이라며 머리를 가로젓지만, 활기찬 모습으로 돌아온 나는 "아, 속이 후련하다."며 사들고 온 옷가지들을 활활 풀어놓는다.

이렇게 사들인 옷들은 절반 정도만 외출용으로 입을 뿐, 대부분 옷장 속에 잠들기 일쑤다.

그러나 그것은 아주 중요한 시간에 본격적인 임무를 띠게 된다. 집안에 아무도 없고 마음이 편안한 날이면, 환상 여행을 떠나기 위한 일인극이 연출된다. 스무 살과 서른 살에도, 마흔이 넘어서도 버릴 수 없는 나만의 기이한 습성이다.

과도한 지출이요 쓸모없는 낭비벽이라는 눈총과 자책 속에서 마련된 형형색색의 옷들을 꺼내 시간 가는 줄 모르고 입어보는 것이다.

노틀담성당 앞 광장에서 열정적인 춤으로 종지기 콰지모도의 가슴을 뒤흔든 에스메랄다가 되어 프릴로 뒤덮인 집시치마도 입어보고, 맨발의 춤으로 러시아의 서정시인 예세닌을 매료시킨 이사도라 던컨처럼 긴 머플러를 둘러보기도 한다. 안개 낀 카사블랑카 공항에서 험프리 보가트와 이별하는 잉그리드 버그만을 떠올리며 30년대 정장풍 옷을 입고 모자도 써 본다.

거울에 투영되는 여자들의 모습을 전전하며, 그 변신의 흥겨움에 젖어, 나는 내면에 숨겨진 블랑쉬 드보아를 보게 된다. 테네시 윌리암스가 〈욕망이라는 이름의 전차〉에서 여주인공 블랑쉬를 통해 극명하게 묘사한 여성의 다중성多重性을 발견한다. 환상을 좇는 부질없는 행위를 통해서 '나'라는 껍데기로 위장된 거짓과 허영, 끝없는 허덕임을 확인하게 된다.

그러나 그 시간이 지나고 나면 내 안에 들끓는 천의 얼굴을 가슴에 묻어두고, 평범하여 무덤덤하기까지 한 일상의 한 여자로 돌아온다.

그것이 얼마만인지는 몰라도, 비정기적으로 반복되는 환상여행— 일탈과 귀환은 나의 정신 세계에 긴장과 완화의 조정장치가 되어 내 안의 열기를 잠재우고 생활의 냉기를 거두어 간다.

어머니는 모시 한복을 즐겨 입으셨다. 상글한 푸새에 고운 올이 가지런한 모시옷은 한 번 앉고 나면 주름이 여러 개가 생겨난다. 겨울 옷차림은 기억에 없고, 어머니의 모습은 늘 모시옷 속에서 피어난다.

오랜 병고로 무겁고 침침해진 집안에서 어느 날 문득, 어머니는 병석을 떨치고 일어나 날듯이 서울로 향했다. 비틀대는 버스와 트럭이 비포장도로를 털털대며 6시간이나 달렸으니 지병에 피로가 겹쳐 쓰러져 버릴 법도 한데, 어머니는 서울에 도착하자마다 동대문시장 포목점으로 직행한다. 시골 아낙답지 않게 이 가게 저 가게를 누비며 호기 있게 옷감을 흥정하는 어머니의 모습에서 병색은 쉽게 찾아볼 수 없다.

두툼한 자물쇠로 잠겨 있던 안방 옷궤에는 어머니가 사들인 검은 양단과 분홍색 유똥, 포르스름한 지지미와 온갖 어여쁜 옷감들이 가득했다. 병환이 조금 덜해 머리가 가뿐한 날이면 어머니는 옷감을 꺼내 밝은 곳에 앉아 하나하나 펼쳐 보셨다. 유색 옷감들을 찬찬히 들여다보며 시름인 듯 행복인 듯 쓸쓸한 미소를 지을 뿐, 때깔 곱고 화사하게 옷을 새로 지어 입거나 누구에게 자랑삼아 꺼내 보이지도 않았다. 어머니는 늘 모시옷이나 그러한 빛깔을 옷을 입고 있을 뿐이었다.

어머니는 무겁디무거운 세월에 말없이 저항하듯 무의식적으로 사들인 고운 옷감들을 매만지며 무슨 생각을 했을까. 조선조 말에 강원도 심산까지 숨어들어야 했던 어느 반가班家의 따님이기보다, 역마살과 공방살, 도화살로 삼천리 곳곳을 떠돌다 간 어느 기녀妓女와 예인藝人이라도 벗 삼아 허망하지만 기막힌 풍류놀이를 꿈꾸고 있었는지 모른다. 그러나 옷감들을 다시 궤 속에 차곡차곡 쌓아 넣은 후에는 반듯한 모시옷 차림의 엄격한 어머니로 돌아온다. 배덕과 분방의 흔적은 어디에서도 찾아 볼 수 없이, 생활의 열쇠를 챙겨든 깔끔하고 검소한 여인으로 되돌아왔다.

트럼펫이 있는 풍경

길자 언니가 모습을 감춘 것은 백중놀이판의 천막이 모두 거둬지고 그곳이 빈터로 다시 되돌아간 그날부터였다. 어머니는 여기저기 수소문해보기도 하고 만신에게 점도 쳐보아, 그녀가 약장수를 따라 원주 쪽으로 떠났다는 것을 예측할 수 있었다.

길자 언니는 화전민의 딸로 태어나 우리 집에 들어오게 되어 집안일을 거들던 열여덟 살의 건강한 처녀였다. 좀 아둔하긴 하지만 충직하기 이를 데 없고 얼굴도 예쁘장한 편이었다. 살림도 깔끔하게 하여 어머니는 그녀를 미더워했다. 아버지의 신임도 두터워, '김길자'하는 목도장으로 만들어진 예금통장에는 적지 않은 금액이 불어가고 있었다.

음력 칠월 보름, 백중일百中日을 전후해서 한 열흘 동안 고향에는 꽤 큰 놀이판이 벌어진다. 읍내 사람들은 이것을 '백중 선다'고 하며 이 놀이마당을 '백중판'이라고 하여 모두 잔치 분위기가 되어 즐기며 논다. 본래 이 날은 남녀가 서로 모여 온갖 음식을 갖추어 놓고 노래하고 춤추며 즐겁게 노는 백종일百種日이라고도 하고, 망혼일亡魂日이라 하여 승려들은 이날 각 사원에서 재를 올리기도 한다. 머슴을 둔 농가에서는 이날 하루를 쉬게 하며 용돈을 넉넉히 주어 백중 장터에서 취흥에 젖거나 씨름판에 끼어들어 힘 자랑으로 스트레스를 풀게 하기도 했다.

홍천은 민관의 관심과 협조로 이러한 민속절이 잘 이어지는 곳이기도 하다. 백중판은 시내에 인접한 공터에 흰 천막이 하나 둘 쳐지기 시작하며 간이음식점이 늘어서고 상품타기. 윷놀이, 씨름대회, 과녁맞추기와 같은 놀이판이 흥겨우며 야바위꾼 새점쟁이도 모여들어 바람을 잡으며 한몫 거든다. 밤이 되면 볼륨이 일정치 않은 확성기와 수십 개나 되는 알전구가 반짝이며 행인의 발길을 묶는다.

제법 규모가 큰 약장수가 이곳에 찾아들어 하루 두 번의 공연으로 백중판을 더 열띠게 몰고 가던 그해, 길자 언니는 틈만 나면 거울 앞에 앉아 얼굴을 매만지던 처녀였고 나는 그보다 서너 살 아래의 소녀였다. 뒷담을 사이에 둔 가까운 놀이판이지만 부모님의 엄격한 통제로 갈 수 없는 신비의 장소이기도 한 백중판— 그 중에서도 약장수의 다양한 프로그램은 초저녁이면 우리를 뒤뜰에서 서성이게 했다. 이를 눈치챈 아버지는 선심이라도 쓰듯 담 가까이에 고장난 타이어를 여남은 개씩 쌓아놓아 우리는 그 위에 올라앉아 담 너머 백중마당을 환히 내다보았고, 오색찬란한 약장수 무대를 정면으로 바라볼 수 있었다. 꼬마 색전구로 '이동제약회사'라는 간판을 만들어 머리에 단 가설무대는 아주 호화로웠다. 금술이 달린 자색 우단 휘장으로 막을 내리고 해가 지기 전부터 진행자는 오늘의 쇼와 서커스, 연극의 하이라이트 부분을 신파조로 엮어가며 선전을 하여 방송을 듣는 이들로 하여금 호기심을 불러일으키게 하였다. 악사들은 휘장 앞에 서서 팡파레를 울리거나 백뮤직을 연주했다.

그 사람은 그곳에 있었다. 그는 열정적으로 트럼펫을 불기도 했으나 때로는 일몰을 배경으로 조용히 〈밤하늘의 트럼펫〉을 연주하기도 했다. 원색의 야한 옷을 입은 그곳 사람들과는 달리 감색 티셔츠를 즐겨 입는 얼굴이 흰 청년이었다. 공연이 없는 지루한 여름날 오후, 웅성대는 백중판을 가로지르며 울려 퍼지는 트럼펫 소리는 빈 무대를 지키는 그의 모습과도 같았다.

언제부터인가 길자 언니는 그 소리에 허둥대기 시작했다. 일을 하다가고 불현듯 부엌 뒷문을 바라보았고, 저녁 공연 전에 까무러칠 듯 불어젖히는 관악기의 금속성에 설거지를 밀어놓은 채 타이어 의자 위로 올라가곤 했다. 어머니의 걱정에 주눅이 든 나는 길자 언니를 내려오도록 종용하는 척하며 슬며시 그 옆에 다가가 앉는 것이다. 무대에서는 한시도 눈을 떼지 않는 그녀는 "저 사람 참 멋있지?" 하고 트럼펫 청년을 가리키며 내 손을 꼬옥 잡는다.

아침부터 서둘러 집을 나선 어머니는 저녁 무렵, 길자 언니를 찾아내 데리고 돌아왔다. 몇 해 동안 저축한 예금통장도 버려둔 채, 대학생인 셋째 언니가 피서용으로 쓰려고 사놓았던 비치백에 여름 옷 두어 벌을 싸들고 트럼펫 청년을 따라서 약장수 무리에 섞여 남쪽을 향했던 그녀는 예전과 다름없이 집안일을 돌보았으나 매사에 표정이 없고 말수도 적어졌다.

얼마가 지나 한가한 틈을 타 내가 "그 남자하고 얘기 많이 해봤어?" 하고 묻자, 길자 언니는 고개만 몇 번 저었다.

"왜?" 내가 의아해서 되물으니, 한참 후에 "집에 돌아가라고만 했어."하며 한숨 섞어 한 마디 한다.

다음 해 여름이 무르익을 무렵, 집 뒤편 빈터에는 백중판이 서고 철새처럼 찾아든 '이동제약회사'는 다시 무대를 설치했다. 악사들은 신명나게 연주를 하는데 길자 언니와 내가 급히 달려가 내다본 그 자리의 트럼펫은 빨간 셔츠의 곱슬머리 남자가 차지하고 있지 않은가.

트럼펫 청년을 눈여겨보아 두었던 처녀들은 그를 생각하며 "그 사람은 유랑의 길에 나섰던 것으로 다른 지방 무대에서 트럼펫을 불다 각혈을 하며 쓰러져 세상을 떠났다."는 분명치 않은 소문만 만들어냈다. 길자 언니는 남몰래 그 소문의 진상을 알고자 애를 썼다. 그러나 소문은 민들레 씨앗처럼 바람에

흩날려버려 여기저기 환상의 작은 풀꽃만을 피워갈 뿐, 그의 모습은 어디에서도 찾을 수 없었다.

페치카의 불꽃 위에서 춤을 추던 '외다리 병정'은 끝내 불꽃으로 산화하여 우리에게 한 차례 가슴앓이를 치르게 하며 번민과 방황이 기다리는 성년의 구역으로 한 걸음 한 걸음 다가가게 하고 있었다.

그것은 지루한 여름날의 한 점 바람이기도 했고, 악장과 악장을 잇기 위한 나만의 여백이기도 했다.

탑, 바람 바람 바람

탑은
바람風의 연인
바람亂의 자식
바람願의 어머니

탑은 바람風 속에 산다.

솔바람, 건들바람, 돌개바람, 칼바람을 맞으며 바람이 잦은 사람들의 바람을 먹고 영원 속에 살고 있다. 아이의 두 손 모은 해맑은 바람과 한 남자의 바람을 잡기 위한 한 여자의 애끓는 바람, 내 안에 이는 끝없는 바람을 잠재워 달라는 익명인의 간절한 바람도 모두 끌어안고 실바람 속에 은은히, 꽃바람 속에 외로이, 비바람 속에 꿋꿋이 서 있다.

사람 사이에서 이는 풍랑의 방향도, 사랑을 이유로 시작되는 바람의 갈 길도, 욕심의 분화구에서 무한정 쏟아지는 바람의 속성까지도 듣기만 할 뿐 대답하지 않는다. 말없이 들음으로써 존재를 알릴 뿐이다. 연인처럼 휘감는 바람을 소리 죽여 다독이며, 인간이 쏟아내는 향기로운 사랑의 바람도, 구접스러운 탐욕의 바람도, 한순간의 욕정의 바람까지도 거름없이 마심으로 징표를 보일 뿐이다. 너의 소원이 접수되었다는 표시도 없지만, 그 여자의 남자의 바람을 잡아주겠다는 다짐도 없지만, 당신의 욕망을 채워주리라는 바람 같은 약속은 더욱이 없지만, 우리는 바람을 뒤로 하고 돌아선 탑에게 되돌아간다.

월정사의 9층 석탑, 불국사의 다보탑과 석가탑, 정림사지의 5층석탑, 바빌론의 바벨탑, 영국의 런던타워, 이집트와 터키의 오벨리스크, 수많은 종탑과 첨탑… 탑은 침묵으로 방황을 접수하는 기도의 끝이며 시작이기에 신라와 백제인, 고려와 조선인 백인과 흑인, 너와 나, 그리고 우리는 이승 곳곳에 숱한 바람의 흔적을 남겼다.

탑은 바람亂의 자식이다.

인간이 있는 곳에 바람亂이 일고, 끊임없는 바람을 삭이며 바람願의 기도를 완성하기 위하여 바람風이 넘나드는 곳에 사람들은 돌과 나무, 벽돌을 쌓아 탑을 낳았다. 사랑처럼 질기고 고되고 애달픈 것이 인간의 마음이기에 그 많은 바람의 잉태로

탑을 낳고 길렀다.

탑이 높아가는 만큼 인간의 외로움도 깊었다. 탑이 굵어지는 만큼 인간의 욕망도 비대했다. 탑이 많아지는 만큼 고통은 크고 바람은 넓게 퍼져 나갔다.

욕망과 고독의 그림자 속에서 신의 이름을 빌려 인간은 탑을 쌓고, 그 영험에 목숨을 걸기도 한다. 간절한 바람을 탑에 실어 하늘에 닿게 하려는 우리의 허망하고 애달픈 순수.

탑은 바람願의 어머니이다.

먼 광야를 향해 깃발을 휘날리며 떠나버린 야망의 바람도 세월을 먹고 돌아올 수 있는 옛집이거나, 역마살 낀 바람잡이가 가난한 불빛을 단 마지막 열차에 병든 몸을 싣고 찾아올 수 있는 곳. 잊지 못할 사람, 욕망으로 상처난 젊음의 바람기가 단 한 번의 고백과 기도로 찾아드는 성소聖所의 꽃이다.

탑은 나무람 없이 그 자리에 서 있다. 산처럼, 하늘처럼, 어머니처럼 늘 그 자리에서 인간의 바람을 접수할 뿐이다. 자식의 입신立身을 간구하는 여인의 모정어린 기원도, 새 생명을 기다리는 임부妊婦의 순결한 바람도, 지나가는 사람들의 맹목적 기도도, 세상살이에 절어버린 늙은 창부의 눈물까지도 묵묵히 듣고 있을 뿐이다.

어제를 알고 내일을 꿰뚫어본다는 만신처럼 넋두리를 쏟아낸다면 탑은 그 자리를 지킬 수 없다. 천당과 지옥이라는 이름을 빌려 양심의 바늘이 된다면 탑은 상처난 인생에 위안일 수 없다. 대기가 쏟는 바람 속에서 굳어진 돌덩이로 발길에 차일 뿐, 희망으로 늘 푸른 영생의 신비일 수 없다. 대답을 듣지 못해도, 해답을 얻지 못해도, 우리의 바람이 이루어질 수 있다는 믿음은 굳이 사랑을 말하지 않아도 느낄 수 있는 어머니의 완전한 절대성 같은 것….

해답을 얻을 수 없기에 다시 해답의 어머니, 탑을 향해 돌아서게 하는 무한한 힘－ 그것은 침묵이 가르쳐준 공허 속의 지침이며, 무답無答의 답안이고 고요의 신비이다. 화려한 웃음은 끝났으나 언제나 미소 띤 늙은 어머니의 얼굴이며, 뜨거운 불길은 세월 속에 잦아들었으나 늘 온기를 지닌 어머니의 가슴이다. 탑은 거친 바람 속에서 슬픔만 한 아름 풀어놓고 떠나는 자식을 향해 메마른 손길을 내젓는 어머니의 모습으로 내일을 위해 오늘을 지키게 한다. 행복 속에서는 잊었다가 슬픔이 찾아들면 기대고 싶어 달려가는 어머니를 닮은 탑, 탑은 영원히 침묵하기에 우리에게 끝없는 바람을 잉태시킨다.

세기말世紀末은 인간에게 바람의 시녀로 높디높은 철탑을 세우게 한다.

런던 시민은 수비용으로 런던탑을 세워 죄수의 집으로 사용했고, 파리시민은 만국박람회를 기념하기 위한 에펠탑으로 장사를 한다.

우리는 문명의 이기利器를 위하여 견고한 철탑을 소망하고, 상혼이 쌓아올린 번득이는 광고탑에 갈채를 모은다.

아무도 그곳에 머리 숙여 바람을 기원하지 않는다. 경이로운 철조물을 향해 황홀한 탄성만 쏟는다.

화려한 발광發光으로 바람이 닿지 못하는 철탑, 그것은 형이하학으로의 전락이요, 해맑은 소망에 대한 능멸의 자세이다.

그 옛날 탑을 향하듯 고층빌딩을 바라보며 경의를 표하는 우리를 향해 대기는 시니컬하게 불어대는 바람을 앞세워 황색 안개를 도시에 흩뿌린다.

그러나 탑은 거부하지 않는다.

세월을 마다할 수 없다고 조용히 타이를 뿐이다. 휘황한 불빛과 번들대는 철탑도 시간에 묻어온 친구라고 무언無言으로 말하고 있다.

그래도 나는 산길을 가다 솔바람 속에서 퇴락하는 석탑을 만나면 마음을 모으게 된다. 희미해진 전생前生의 언약처럼 미망迷妄과 불망不忘으로 젖어 내리는 순간들에 기대어본다.

아직도 뜨겁게 휘몰아치는 가슴 한켠의 바람을 잠재워야 한다는 애절한 바람이, 몇백 년 동안 이끼 낀 바위를 타고 흘렀을 계곡의 물줄기처럼 끊이지 않기 때문이다.

사랑의 신화

그들의 사랑은 자연스러운 행위였다. 드넓은 초원과 맑은 시냇가, 아늑한 동굴에서 한 무리의 들짐승과 새들처럼 이루어지는 일이었다. 부서져 내리는 햇살과 푸른 달빛 속에서 거침없이 행하는 사랑의 행위는 생명의 방식이었을 뿐이다.

여자가 남자를 그리워하고 그 여자가 또 다른 남자를 그리워하고, 상대에 관계 없이 본능에 의해서만 본능이 처리되던 원시사회에서는 아기의 아버지도, 사랑에 의해서 아기가 태어나는 줄도 몰랐다. 그 시대에도 새로운 탄생은 축복이었기에, 출산한 어머니들은 바람이 임신을 가능케 했다고 믿어 바람의 신께 감사의 기도를 올렸다. 남자들은 임신의 주체임을 알지 못하고, 여자가 아기를 낳음으로써 여자의 권위는 절대적이었다.

이것이 원시 모계사회가 형성된 원인이라고 어느 인류학자는 추정한다. 이 학설이 무모한 상상에 의한 낭설이라 해도 나는 이 원시사회의 성 풍속이 자연의 일부로서의 인간이 치를 수 있는 성스러운 의식의 일면일 것으로 생각한다. 인류가 금기시하는 혼음과 근친상간, 동성애도 가능했을지 모르는 원시사회의 사랑의 정경이 아름답게 생각되는 것은 헤아릴 수 없이 많은 시간과 공간이 주는 이격감 때문일까. 아니면 현실에서는 이룰 수 없는 행위에 대한 관음증觀淫症 때문일까. 그것은 우리의 상상력이 증폭되어 미감美感이 배가될 수 있는, 자연과 신화적 요소가 주는 신비감 때문인지도 모른다.

마광수의 〈즐거운 사라〉, 장정일의〈내게 거짓말을 해봐〉에 이어 서갑숙의 성체험기〈나도 때론 포르노그라피의 주인공이고 싶다〉가 전국을 들끓게 한다.

안방에서는 〈O양의 비디오〉가, 비디오방에서는 〈노랑머리〉가 연속 상영되고, TV에서는 청소년 성매매 르포가 방영되는데, 자신의 사랑의 이력을 발가벗고 상품화한 한 권의 책에 어떤 이는 침을 뱉고, 누군가는 욕을 하며, 또 어떤 사람은 성자인 양 그 유해성을 단죄하라고 소리친다. 밤과 낮, 어두운 곳에서와 밝은 곳, 나만의 나와 타인 속의 내가 만드는 이중구조적 인간이 얼마나 부조리한 존재인가가 극명하게 인정되는 현상이 아닐 수 없다.

D. H. 로렌스의 《채털리 부인의 사랑》은 1928년 출판되었으나 대담한 성행위의 묘사가 외설 시비의 대상이 된 후,

44년에 미국에서 출판되었다. 그러나 이것도 시비에 휘말려 출판이 금지되었다가 1959년과 67년에 미국과 영국에서 재판에 승소하여 다시 출판되었다.

헨리 밀러가 1934년에 파리에서 출판한 ≪북회귀선≫도 적나라한 성적 표현으로 영국과 미국에서 판매가 금지되었다가, 60년대에 미국이 밀러를 성자聖子처럼 받아들이며 다시 출판하게 되었다.

서구에서 50년대 말까지 금기시하던 내용과 표현들이 40여 년 후인 지금 우리나라에서 재연되고 있다.

유교적 인습에 젖어 있던 조선시대에도 고정관념에 도전한 작가가 있었다. 송강 정철鄭鐵은 〈속미인곡〉 첫머리를 "저 가는 저 각시 본즉도 한저이고"라고 기상천외하게 장식했다. 남녀가 유별有別하여 남녀칠세부동석男女七歲不同席이던 시대에 '길에 가는 저 여자를 어디선가 본 것 같다'는 표현은 외설 이상의 내용이다.

춘원 이광수는 1917년 〈매일신보〉에 우리나라 최초의 현대소설인 〈무정〉을 발표하여 자유연애사상을 주창했다. 그때 남녀 주인공이 나란히 거리를 걷는 내용이 연재되어 독자들의 비난이 빗발쳤다.

1950년대 정비석의〈자유부인〉과 60년대 박승훈의 선정적인 작품을 통하여 부도덕과 외설에 대한 시비가 끊이지 않고 현재에 이르렀다.

그러나 이러한 흐름은 창작과 표현에 대한 우리의 관념과 의식이 변천해온 과정일 뿐이다. 어느 시대 어느 장소건 인간과 사랑, 본능과 행위는 엇비슷한 내용과 형태로 존재해 왔다. 그것이 표면화 되며 시대와 사회에 따라 질서를 위하여 불문율로 굳어지고 법제화 되는 과정에서 정상과 비정상, 예술과 외설이라는 가름이 생겼고, 그 기준과 가치는 시간이 흐르며 완화되고 전도되며 변모한다.

1983년 술 취한 베를렌이 랭보를 향해 권총을 쏜 사건으로 드러나 프랑스 시단詩壇뿐 아니라 전세계에 충격을 준 동성애가 지금은 예술적 기벽으로, 하나의 또 다른 기호嗜好로 인정되고 있다. 1895년 남색사건으로 유죄 판결을 받고 2년 동안 교도소에 수감되었던 오스카 와일드의 동상이 얼마 전 그를 추모하는 시민들에 의해 런던 시가지에 세워진 것도 1백여 년에 걸쳐 이루어진 의식의 성숙 때문이다.

종교적으로는 죄악시되고 사회적으로는 병적 증세로 치부하던 동성애까지 사랑의 또 다른 양상으로 인정하는 현실에서, 자신은 음성적으로 끝없이 자유를 추구하고 허용하면서 타인의 자유에 대하여는 편협하고 시대착오적으로 표현을 제한하는 것은 성숙하지 못한 의식의 결과다.

세상은 표현의 대상까지도 성역이 사라지는 추세다. 정치권과 특수층, 보수성이 강한 종교계도 표현의 자유에 노출되어 있다.

나다니엘 호돈이≪주홍글씨≫를 간행한 1850년대 청교도

정신이 투철했던 미국에서는 여주인공 헤스터 프린과 불륜을 맺은 딤즈데일이 목사라는 이유 때문에 사회가 들끓었고, 근래 미국에서 방영된 〈가시나무새〉도 주인공이 신부여서 가톨릭계의 반발이 있었다. 그러나 최근에는 그 성역을 넘어서 신부의 동성애를 다룬 영화 〈프리스트〉가 제작되어 세계를 누비며 상영되고 있다.

이렇게 시간은 흐르고 우리의 가치관은 변모한다. 선악善惡의 구별도 모호해지고 미추美醜의 개념까지 바뀐다. 모든 행위가 자유라는 이름으로 행해지고 합리화되며, 실체는 과학적 증명으로 존재 가치가 부여된다. 모두 미련 없이 드러내고 남김없이 밝혀져 명쾌한 해석과 결정으로 속전속결의 쾌감을 제공한다.

그러나 아무리 세월이 흐르고 인간의 가치관이 전도되어 '표현의 자유'라는 명제 앞에서 모든 것이 '드러냄'과 '까발림'에 노출된다 해도, 끝없는 신비로 존재하는 것이 있다.

그것은 '사랑'이라는 신화다.

지난 해 여행길에서 만나 울란바트르 대학원생 '무크'는 이런 말을 했다.

"칭기스칸은 실제 인물인데도 그의 무덤은 몽고 어디에도 없다. 우리는 칭기스칸의 무덤을 원하지 않는다. 그것은 실존의 증표가 되기 때문에 칭기스칸이 우리와 같은 인간인 것을 증명할 뿐이다. 칭기스칸은 몽고인에게는 신화적 존재다. 무덤을 만들어 몽고인의 가슴 속에 있는 신비감을 상실해서는 안 된다."

사랑이 아름다운 것은 그림움이 있기 때문이다. 그리움은 사랑하는 사람과 함께 할 수 없으므로 더 애절한, 사랑의 또 다른 이름이다.

원시사회의 성 풍속이 성스럽고 아름답게 생각되는 것도 상상속의 신화적 의미, 신비감 때문이다.

지금은 거부할 수 없는 노출 현상으로 더 이상 신화를 약속할 수 없는 시대다. 미명美名을 도용한 혼돈이 물결치는 시대다.

이제, 사랑의 신화는 스스로 선택하여 가슴 속에 가꾸어야 할, 우리의 자유로운 약속인 것이다.

생명은 젖줄을 타고

경대 위에 사진 한 장을 놓아 두었다. 얼마 전에 신문에 보도된 어미를 잃은 멧돼지에게 젖을 먹이는 브라질 밀림의 '구아하'족 여인의 사진이다.

왼쪽 가슴에는 아기를 안고 오른쪽 젖은 어린 멧돼지에게 물리려고 무릎을 고인 모습은 경건해 보이기까지 한다. 초막 앞에서 젖을 먹이는 반나半裸의 원주민 여인에게서 문명의 이끼 같은 것은 찾아볼 수 없다. 지식에 지친 현대인의 감각을 요동치게 하는 농염한 육체의 초점이나, 그 모형으로 은잔을 빚어 파티를 연 마리 앙뜨와네뜨의 가슴과는 달리 그녀의 젖가슴은 생명에 대한 사랑으로 풍요롭게 노출되어 있다.

마음이 어지러운 날은 집 밖을 나서지 않는다. 여행과 쇼핑으로 기분을 바꾸거나 몇 잔의 술로 슬픔을 잊는 사람도 있지만, 나는 집에서 가만히 시간을 보내는 것으로 고비를 넘긴다. 친구와 음악, 아름다운 풍경도 슬픔의 한가운데서는 모두 공해일 뿐이다. 슬픔을 붙잡고 시간만 사르고 있으면 얼마 후, 괴로움은 스스로 결박을 풀어가기 시작한다. 그때쯤 사랑하는 사람과 행복했던 순간들을 떠올리며 생활 속으로 되돌아 올 채비를 서두른다.

이러한 내적 순환은 어떠한 형태로건 나를 지배하고, 슬픔과 기쁨의 교차점은 카타르시스까지 맛보게 한다.

슬픔 속에서 어슴프레 눈을 뜰 수 있을 때면, 이마에 송글송글 땀을 맺으며 젖을 빨던 어린 날 아이들의 얼굴을 떠올린다. 무력감에서 생명력을 되돌려주는 신묘한 정경– 심장의 박동소리를 들으며 힘차게 젖을 빨던 아이의 해맑은 얼굴은 금방이라도 피워낼 수 있는 꽃망울로 가슴에 와 닿는다.

높은 학력과 문화인의 긍지있는 생활의 표본처럼 시작된 모유기피증은 내가 아이를 낳은 때에도 유행병처럼 번지고 있었다. 모유를 먹이는 일은 형편이 여의치 않거나 미개한 습속으로 치부되고, 아이를 낳은 후 산모는 미용을 위해 우유병을 아이에게 물리는 것으로 질 높은 삶의 주인공이 되는 줄 알았다. 의사는 모유에 대한 평가는 접어 두고 우유의 몇 가지 장점만을 앞세워 서구화를 꿈꾸는 젊은 여성들의 허영심을 부추겼다.

나는 아이를 낳자마자 초유를 물린 후 젖을 먹이며 무명 기저귀를 삶아 빠는 우리 어머니의 방법대로 두 아이를 길렀다. 종합병원 대기실에서 아이에게 젖을 먹이면 고무 젖꼭지를 아이의 입에 물리고 젖냄새 없이 말끔하게 차려입은 젊은 여자들은 나를 다른 세상 사람처럼 바라보았다.

모유에 대해서 뚜렷한 주관이 있었던 것도 아니고, 남달리 아이를 키워보겠다고 결심한 것도 아닌데 우유를 먹일 마음은 없었다. 아이가 채 눈도 뜨기 전에 바둥대며 젖무덤을 찾아 입을 벌리는 생명력에 대한 경이감과 까맣게 올려다보는 눈, 장밋빛 볼과 상긋한 내음… 아이들을 가슴에서 떼어놓지 못한 것은 무엇보다도 완벽한 혈맥의 일치감에서 얻을 수 있는 기쁨 때문이었을 것이다.

아무리 멀리 있어도 아기와 엄마 사이에는 대화 아닌 대화가 이루어진다. 아이가 잠든 사이에 마당에서 빨래를 할 때면 아이의 기척이 없어도 엄마를 찾는 때를 감지하게 된다. 어느 순간 스르르 젖이 도는 감촉과 함께 잠에서 깨어나 엄마를 찾는 소리를 듣게 된다. 아이를 두고 외출할 때에도 아이가 엄마를 찾고, 엄마가 아이의 배고픔을 알 수 있는 신체적 교감은 이루어진다. 젖줄로 이어지는 아이와의 대화에 대한 신비한 체험은 아이가 또 하나의 '나'— 나의 분신임을 실감할 수 있는 일이다. 그러한 사실은 황량한 들판에서 뒹굴던 거칠고 메마른 젊은 날의 의식을 따뜻하게 감싸고 다독여 주어 고통스런 인간이 아닌, 끝없이 사랑해야 할 한 사람의 여자임을 깨닫게 했다.

어느 해 겨울, 생후 5개월 된 딸아이를 데리고 남편의 친구인 K씨와 고향으로 가는 기차를 탄 적이 있다. 서너 시간 걸려야 하는 거리이기 때문에 칭얼대는 아이에게 태연하게 젖을 풀어 먹였다. 마주 앉은 남편은 예사롭게 친구와 이야기를 나누었으나 모 신문사 문화부 기자이던 K씨는 아직 미혼이었고, 미니스커트에 하이힐을 신은 젊은 여성이 거침없이 아이에게 젖을 물리는 광경은 큰 충격이었다고 그때를 회상한다.

부끄러움을 많이 타던 나에게 주변 사람들은 "아이도 낳지 않을 것 같던 사람이 이게 웬 일이냐?"며 젖을 먹여 아이를 기르는 것을 대견해 하기도 하고 기행奇行처럼 화제로 삼기도 했으나, 모성애가 수치심조차 잊게 했는지, 아무데서나 아무렇지도 않게 아이에게 젖을 먹였다.

선천적인지, 풀밭에서 이리 뛰고 저리 뛰는 젖소와의 인연에서 벗어날 수 있었기 때문인지, 우리 아이들은 비교적 성격이 유순한 편이다. 활기차고 야무진 아이로 기르고 싶었으나 조용한 것을 좋아하고 남의 작은 아픔을 보아도 가슴을 앓는다. 그런 아이들은 어머니의 이야기에 크게 빗나가는 일은 없으나, 나보다 이모들을 더 좋아하는 눈치다. 이모들과 있으면 마음이 편하다고 한다. 이모들이 오는 날이면 아이들의 얼굴에는 생기가 돈다. 정스런 욕지기를 섞어가며 아이들을 매만지고 세상 뒷편 이야기를 쏟아내며 크게 웃어젖히는 이모에게 다가앉아 아이들은 평소와 달리 잠을 설친다. "공부는 몸과 마음이 건강해야 더 잘 한다."며 어른들 놀이에 슬쩍 끼워 주기도 하는 익살스럽고 더분더분한 이모들이 좋아 늘 이모들이 오는 날을 기다린다. 이런 아이들은 엄마를 보고 '돌연변이'라고 한다.

세 언니들은 모두 밝고 건강하게 자랐다. 어머니가 젊었고 생활은 어렵지 않은 편이었기 때문이다. 19살에 초산初産을 치른 어머니는 딸들에게 양껏 젖을 먹여 기를 수 있었다.

내 경우는 달랐다. 사변통에 두 아들을 잃은 어머니가 40이 가까워 병약한 몸으로 낳은 나는 초유조차 입에 대지 못한 채 미음과 젖동냥으로 유아기를 보내야 했다. 우유라고는 구호물자로 들어온 질 낮은 우유가루가 전부여서 아이에게는 설사병을 일으키기에 알맞은 식품일 뿐이었다. 지금도 나에 대한 부모님과 자매들의 지극한 사랑은 어머니의 깊은 병환 때문에 젖 허기로 칭얼대던 어린 날의 기억 때문일 것이다.

아이들이 지적하는 돌연변이적인 나의 다감하지 못한 성격도 유아기 때의 어머니와 단절된 무언의 대화와 생명줄에 대한 무의식적인 불안감 때문인지도 모른다. 세상에 떨어져 내려앉은 외로움에 어머니의 젖줄로부터조차 밀려난 외로움이 더했던 것은 아니었을까.

도심都心의 다방에서, 들길에 앉아, 서울역 대합실에서 부끄러움 없이 풀어내어 아이의 입에 물린 내 가슴의 내력도 어머니의 젖무덤에 대한 끊을 수 없는 그리움 때문이 아니었을까.

커피광狂

지금까지 내가 마신 커피는 2만2천 잔쯤 된다. 20살 무렵에 시작하여 한 20년간 하루에 3잔씩 마신 것을 어림잡아 계산한 숫자이다. 앞으로 20여 년 더 마시게 되면 또 2만2천 잔이 되니, 일생에 4만4천 잔의 커피를 마시는 셈이 된다. 엄청난 수치에 쓴웃음을 짓다가 되풀이 되는 '4'라는 숫자가 주는 묘한 뉘앙스에 흠칠해 한다. 죽음과 연계되어 금기시 되는 이 숫자가 나의 커피 경력과 맞물리는 것은 우연이나, 깊이 되짚어보면 원인과 결과가 맞아떨어지는 삶의 확연한 방정식 같기도 하다.

인문과학과 자연과학은 확고히 이원화二元化되어 서로 무관한 학문이 아니고, 같은 원리와 결과를 갖는다. 표현의 수단으로 문자와 숫자를 달리 사용하고 있을 뿐이다.

포스트모더니즘의 기수인 프랑스의 사회학자 죠르쥬 바따

이유의 '에로티즘'이 영국의 물리학자인 스티븐 호킹박사의 '팽창이론'과 결부되고, 수학의 고차원적 전개는 철학으로 이어진다.

죽음을 의미한다는 숫자 '4'와 커피를 동반한 나의 인생은 어떠한 함수관계를 갖는 것일가.

여학교를 졸업하던 날, 처음으로 찾아간 곳은 차부車部근처에 있는 다방이었다. 당당한 고객으로 구석자리를 차지하고 앉았지만 매캐한 담배연기와 야릇한 분위기 속에서 더듬거리며 커피 한 잔을 시켜 마시곤 떠밀리듯 삐거덕거리는 나무계단을 내려왔다. 나로서는 성년 의식을 치른 셈이다. 그것은 커피의 세계— 악마처럼 검은 유혹과 지옥처럼 뜨거운 열정, 사랑처럼 달콤한 감각 때문에 모호하고 애달픈 내 삶의 예고이기도 했다.

신고식을 시작으로 아버지의 품에서 헤어나 고향을 떠나는 고된 의식이 이어졌고, 도시의 그늘 속에서 커피를 마시며 문명의 현란한 색채와 아련한 고독에 길들여졌다. 다른 것은 그만한 편이었으나 커피의 이력만큼은 놀랍도록 호화로웠다. 학교 근처인 퇴계로의 작은 찻집에서 시작하여 충무로의 '카페 떼아뜨르', 명동의 '포엠'과 '태양의 길목', 종로의 '반줄'을 돌며 향유하던 커피맛은 고향의 향취를 구접스럽고 척박했던 추억의 한 조각으로 접어두게 했다.

겨울이면 아버지의 사랑은 커피와 함께 피어났다.

아버지는 "그 아이는 깔끔한 색과 모양을 좋아한다."며 찻잔과 커피를 새로 마련하고 방학이 되기를 기다리셨다.

아버지는 커피를 마시는 내 모습을 좋아했다. 커피향 너머의 모습에서 세상을 떠난 어머니를 찾고 계셨는지, 평생을 흙에 묻혀 요원했던 현대 여성상을 대학생이 된 딸에게서 찾으려 했음인지 커피를 마시며 이야기를 나누는 시간을 행복으로 아셨다.

가끔, 우두커니 앉아 있으면 "커피 마실래?"하며 커피의 온기로 적막함을 지워주려 했고, 내가 "아니요."하며 웃어보여도 그 고요 속에 혼자 있게 하는 것이 아버지의 잘못이라도 되는 것처럼 "다방에 가서 마실래, 가기 싫으면 시킬까?"하며 얼굴을 살피셨다. 그때 아버지가 간절히 원하던 커피는 딸에게 한없이 쏟던 사랑의 실체가 아니었을까.

여름방학이면 성분과 반응이 비슷한 콜라로 바뀔 뿐, 아버지의 자상한 보살핌과 대화는 똑같이 이어진다. 뒷뜰에 콜라 상자를 쌓아두는 것으로 딸을 맞을 채비를 하고, 콜라병으로 가득 채워진 냉장고를 열어본 후 차부로 달려오신다. 찬 콜라병을 들고 단숨에 마셔버리는 내 모습에서 아메리카니즘에 병들어가는 현대적 증세를 발견하기보다는 당신의 노구老軀가 거름이 되어 말끔한 도시인이 되어가는 대견함에 흡족해 하던 아버지….

내 몸에 축적된 카페인은 저혈압인 체질과 합세하여 오전내내 의식을 몽롱하게 만든다. 커피를 두어 잔 마신 후에야 정신이 맑고 몸이 개운해진다. 그것은 커피에 대한 중독증세로 건강을 해치는 일이지만, 어쩔 수 없이 한 잔의 커피와 함께 눈을 뜨고 찌뿌듯한 몸을 또 한 잔의 커피로 달래 일으킨다. 흥분제와 강심제, 이뇨제로서의 화학적인 반응으로 위와 심장, 뼈를 손상한다는 의학적인 근거로 본다면 4만4천 잔의 커피는 내 몸을 가차없이 부식시킬 것이 뻔한 일이다. 그러나, 건강상의 문제로 커피를 끊을 생각은 없다. 일말의 니힐리즘은 매저키즘을 배양해 놓았는지, 허물어져가는 육신 때문에 좋아하는 일을 중단하고 싶지는 않다. 보신補身에 급급하여 땀을 흘리고, 육신을 보다 아름답게 건사하려고 평생을 전전긍긍하는 사람을 보면 육체에 대한 비루한 노예근성에 연민을 느끼게 되는 것이 내 생활의식이다. 사랑하는 사람들과 짙은 커피 향기 속에서 사랑과 예술, 인생을 이야기하며 후회없이 살았다면 삶이 조금 짧아졌다 해서 아쉬울 것은 없다.

4만4천 잔의 커피는 팍팍한 현실에서 유일하게 나를 기다리는 사막의 작은 샘물인지도 모른다.

슬픈 축제

꽃을 사랑하는 사람은 슬픈 운명을 지닌다고 한다.

꿈결처럼 피었다가 거짓말 같이 스러지는 꽃의 순간성을, 축복처럼 펼쳐지는 과정과는 다른 허망하고 잔혹한 결말을 예측하면서도 꽃에 다가설 수밖에 없는 우리의 숙명적 감성 때문일 것이다. 그러기에 영랑은 찬란한 슬픔 속에서 모란을 노래했고, 어느 화가는 고갱의 원혼이 담긴 타이티의 흰꽃, 하이비스커스에 한을 담아 화폭에 옮겼다.

비극에 심취하는 인간의 속성은 슬픈 설화를 꽃에 실었다. 꽃은 세월을 타고 사람 사이를 떠돌며 처연한 아름다움을 더해갔다.

그리스의 미소년 나르시스가 물에 비친 자기 모습에 도취하여 몸을 던진 샘가에 피어난 수선화. 꽃이 핀 후에야 잎이 피어 서로 만날 수 없기에 애절한 사랑뿐인 상사화. 떠나간 사랑에 밤새워 울다가 죽은 두견새의 피를 토한 자국마다 꽃이 피었다는 진달래. 벌거벗은 산야를 실성한 듯 맨발로 피워내는 봄날의 슬픈 꽃들…

나는 이러한 꽃의 순간성과 비극성을 사랑한다.

천지를 휘황하게 물들이는 꽃의 축제에는 시간의 한계성이 있다. 쓸쓸한 낙화의 예감이 있다. 속절없는 순간성의 애달픔도 있다.

그러나 꽃의 순간성에는 생명력에 함유된 영원성이 깃들어 있다. 꽃잎이 떨어진 자리에 씨앗이 영글고, 그 씨앗은 다시 꽃잎을 틔우고, 꽃잎은 씨앗으로, 씨앗은 꽃잎으로….

스러지고 피어나는 소멸과 환생의 꽃의 영속성.

사람이 만든 종이꽃은 생명이 없으므로 그 자리에 영원히 있을 수 있다. 그러나 죽을 수 없으므로 영원히 살 수 없다.

바람과 흙이 만든 지상의 꽃들은 생명이 있으므로 그 자리에 영원히 있을 수 없다. 그러나 죽을 수 있으므로 영원히 살 수 있다.

꽃에 비극성을 불어넣은 것은 꽃이 아니라 사람이다. 비극에 대한 인간의 모호한 탐닉은 꽃에 비극적 이미지를 가미시켰다. 인간이 만든 이야기와 함께 나와의 연계성을 찾아 위로받고 싶은 우리의 애절한 바람 때문인지도 모른다.

슬픈 내력은 외면한 채 꽃에 다가선다면, 내가 어떻게 꽃의 음영까지 바라볼 수 있을까.

사랑은 꽃의 생리를 닮았다.

지상에 물결치는 꽃의 무리처럼, 사람이 사는 곳이면 한결같이 사랑은 움트고 자라지만, 사랑은 모두 다른 빛깔과 향기를 지닌다.

그만의 엑스터시와 맹목성에 도취되어 저마다의 축제에 몰입하는 사랑. 그것은 우연인가 필연인가.

수천 조각의 빛깔들이 우연히 모여서 무지개는 완성된다. 그러나 그 무지개를 우연이라고 말하지는 않는다. 빗방울과 바람과 햇빛의 찰나적 필연성에 의해서 무지개는 피어난다고 믿는다. 무지개가 필연적 존재라면 수천 조각의 빛깔 또한 필연일 수밖에 없다.

바람에 실린 구름을 따라 수많은 빗방울들이 우연히 어느 냇물에 떨어져 강으로 흘러든다. 들판을 가로지르고 도시를 비껴 흐르는 강은 필연적으로 그곳에 있다. 그런데 속살대며 흘러들어 강이라는 존재의 근원을 이루는 빗방울들이 어떻게 우연일 수 있을까.

우연이라고 믿기우는 수천 갈래의 길을 돌아 우주의 한켠에서 사람과 사람이 만나고 어느 순간 사랑이 이루어진다면, 그것은 필연이다. 무지개라는 오묘한 조화를 이룬 빛깔들과 강이라는 흐름을 이루는 빗방울들이 필연이듯, 사랑을 향해 걸어온 도정 또한 필연일 수밖에 없다.

그러한 필연을 인간은 운명이라고 이름하였다. 운명은 인간의 능력으로는 어찌할 수 없는 것이기에 사랑의 고된 감정을 신의 권한으로 전가시키는지도 모른다.

인간의 저항이 불가능한 운명이라는 역정에서 그리스인은 완전한 비극성을 알았다. 고대 그리스에서는 새 술을 개봉하는 3월이면 디오니소스 원형극장에서 며칠 동안 비극을 공연한다. 운명과 싸우는 인간의 무력과 비참을 그린 소포클레스의 〈오이디푸스왕〉은 비극의 완성작이다. 그곳에 모인 1만 7천여 관중은 주인공과 함께 비극에 동참하여 울고 웃는다. 연극이 끝나면 그들의 축제는 시작된다. 비극적 운명 속에서 진지한 삶을 맛보고, 그 긴장감을 카니발을 통해 카타르시스로 전이시키는 아크로폴리스 산정의 축제— 그들에게 비극은 아름다운 삶의 자양분이었다.

사랑에 우연은 없다.

모든 사랑은 필연이고, 필연은 운명이며, 운명은 비극을 동반한다. 그것이 인간의 삶을 진지하고 진실하게 만든다.

인간은 진실할 때만이 슬픔을 느낄 수 있다. 고통은 진실이 피워내는 마음의 꽃이다.

사랑의 축제에 초대받은 사람들의 가슴에는 슬픔의 강이 흐른다. 그러나 아무도 그것을 거부하거나 말하지 않는다.

비극적 설화 속에서 꽃의 축제를 완성하듯, 사랑의 슬픔 속에서 그들만의 축제를 완성하고 싶은 순수하고 간절한 바람 때문이다.

안개는 나를 유혹한다

미켈란젤로의 '아담의 창조'는 성 시스티나 성당 천장 벽화의 한 부분이다. 생명의 입김을 불어넣은 창조주와 아담의 손끝이 닿을 듯한 순간을 그린 작품으로, 채도가 높은 부분에서는 쉽게 발견되지 않지만, 두 손의 배경이 되어주는 공간에서는 균열의 흔적을 볼 수 있다. 그것은 500여 년의 연륜이 만든 석회벽의 생명도 때문이다.

'아담의 창조'가 회벽이 아닌 유화의 캔버스나 견고한 벽면에 그려졌다면 세월의 흔적은 찾아볼 수 없이 본래의 선명한 색채와 정돈된 느낌으로 보존되었을 것이다.

그러나 시스티나 성당의 벽화는 균열과 함께 신비감을 더해간다. 색채는 고연해지고, 선과 선의 미려한 공간은 거리차에 의해 새로운 느낌을 갖게 한다. 석회만이 갖는 질감 때문이다.

창조주와 아담의 손은 석회의 부드러운 감각에 의해 무한한 여운의 아름다움을 담고 있다.

요즈음은 파스텔톤의 색조가 유행하고 있다. 파스텔이 탈산 석회의 회화 재료이고 보면, 현대는 고전의 모방이거나 응용에 불과하다. 젊은층은 파스텔 블루나 핑크의 밝고 차분한 색상의 의상과 장신구를 좋아하고, 중년층은 프르샤 블루나 파스텔 바이올렛의 중후한 멋을 즐긴다.

안개는 파스텔톤을 연출한다. 안개에 싸여 있는 도시와 하늘, 산과 강은 불확실한 형상과 몽롱한 색상으로 환상적인 느낌을 준다. 물질적 성분과 내면을 모호하게 보호하여 상상의 여백을 담아 이끄는 것이 안개의 속성이다. 안개에 싸인 존재는 더 많은 사유의 공간과 가능성을 갖고 있기 때문이다.

그리움은 환상과 가능성으로부터 찾아온다. 우리가 스치고 지나간 눈길에서 허무의 줄기를 가늠하거나 따스한 불꽃을 발견하여 안개 속을 더듬어가는 것은 사랑의 시작이 아닐까. 건강진단서와 학교 성적표, 재산목록을 눈앞에 두고 벌어지는 사랑의 흥정보다, 드러낼 수 없는 부분들로 고뇌하는 사랑이 아픔과 전율을 느끼게 하는 것은 안개의 불투명하고 형언할 수 없는 감각 때문인지도 모른다.

안개는 관념을 확산시켜 감정의 소용돌이로 몰아넣거나 바람을 역류시키기도 한다.

인간을 조직적으로 탐구하고 적나라하게 파헤치던 자연주

의와 사실주의가 퇴조하고, 순수 낭만주의의 물결을 탄 복고조의 문화조류는 보편적인 실상에 대한 염증과 변화를 추구하는 심리에서 비롯되지 않았을까. 종교와 대중적 우상이 추앙받는 추세도 보이지 않는 부분의 절대성이 호기심을 자극하기 때문일 것이다.

태양 아래 드러난 도시는 음모와 투기, 바퀴벌레와 쥐들이 들끓는 인생의 각축장이지만, 안개는 우리에게 시스티나 성당 벽화의 순결한 아담의 군상을 연상하게 한다.

안개는 나를 유혹한다.

갈 수 없어 아득한 곳은 영원한 그리움이다. 먼 곳에서 바라보기만 하던 사람의 그림자는 슬픔의 근원이 아닐까.

햇살처럼 쏟아지는 기쁨을 스치는 슬픔의 여운과 강가의 겨울 안개 ― 가슴으로 흐르는 말은 도시와 생활 속으로 스며들고, 나는 안개의 무한한 색감과 함께 현실이라는 거대한 바다로 출항할 채비를 서두른다.

3부

헷갈림

"To be, or not to be."
햄릿왕자 입을빌어 셰익스피어 던진화두話頭
좌충우돌 요지경속 꼭집어서 갈파했네
공간은 선택하라 이것저것 늘어놓고
시간은 때놓친다 가버릴듯 을러대네
이리저리 헷갈림에 갈짓자로 걸어대며
이길저길 요놈조놈 갈래잡기 돈다돌아

회색빛 도시에는 한집건너 십자가요
심산유곡 명당마다 울려대는 목탁소리
성경은 복음따라 천당으로 가자하고
불전은 독경따라 극락으로 가자하네

멋들어진 X마스엔 아멘소리 절로나고
연등밝힌 초파일엔 아미타불 찾게되네
추기경 스님네들 오락가락 손잡아도
신자불자 가타부타엔 헷갈리는 심사뿐
아담과 이브에게 선악과가 주어져
에덴은 간데없고 인간사탄 대결하니
선과악 함께있고 사랑증오 한말이네
헷갈림에 시행착오 시지프스 몫이렸다
단맛속에 쓴맛있고 정正과반反이 함께노니
조선시대 사색당파 유림들에 혼란주고
숭불숭유崇佛崇儒 정책따라 민초들은 흔들리고
모반謀反의 성패따라 충신역적 헷갈렸네
친일이냐 항일이냐 매국애국 헷갈렸고
친소親蘇냐 친미親美냐로 좌우익 헷갈렸고
유신이냐 민주냐 자주인권 헷갈렸고
군사정권 문민정치 시시비비 분분한데
부동산투자 증권투자 오르락내리락 환장하네
이줄탈까 저줄탈까 요령부득 계산놓고
이당저당 이파저파 이해득실로 낙점하네
정치판은 난공불락難攻不落 조율은 천만의말씀
배알빼고 일꾼입네 애걸복걸 하는통에
분별없이 분별하여 여의도행 티켓주니

나라사랑 명분아래 철새족만 수두룩해
창검과 방패가 하루아침 뒤바뀌네
어제야당 오늘여당짓 어제여당 오늘야당짓
카멜레온 따로없다 느느니 반인반수半人半獸
엘리뇨는 고온高溫낳고 IMF는 목을죄도
밥그릇 싸움판에 동서東西골만 깊어진다

구전口傳이래 여타없이 몰매맞던 놀부님아
오장 육부에 심술보가 더달려서
제비다리 부러뜨려 흥부에게 천사표주고
권선징악 표본으로 죽어서도 볼기맞더니
천지개벽도 유분수지 착란이냐 환각이냐
욕심은 야망이요 매정함은 이지理智렷다
탐욕으로 쌓은축재 능력가의 재산증식이라
무능하고 줏대없는 비렁뱅이 흥부야
착한것은 어리석음 유순함은 탈자존심脫自尊心
제앞가림 못하는주제 가족계획도 실패하여
주렁주렁 애를달고 한심한길 대책없다
자본주의 산업화에 놀부심보 우상되니
천년지킨 흥부자리 아이마저 비웃는다
뉘가옳고 뉘가맞노 이리살까 저리살까

여름내 땀흘린개미 우루과이라운드로 결단나고
로드싱어 베짱이는 뜨고날아 스타되네
기회주의 한탕주의 근검절약 농락하니
헷갈려서 못살겠다 어느길로 가야할까
유로화가 등장하니 달러메이커 아프리카행인데
애국애족 입에달고 국수주의로 쇄국할까
국산품과 외산품중 어느것에 손을댈까
거부냐 수용이냐 독거동거獨居同居 헷갈린다

아바나 광장에는 체게바라 살아있어
쿠바인의 숨결속에 초인의혼 불태우네
죽은지식 껍질벗고 행동으로 실천하여
불의에 적극투항 영원으로 산화했네
캘커타 거리에는 마하트마간디 살아있어
금욕와 정중동靜中動중 비폭력을 설파하니
대영제국 휘하에서 축생노릇 인도인은
무저항으로 저항하고 무반응으로 거부하고
무혈無血의 폭력으로 유혈폭력 무찔렀네
내안의 안티고네 게릴라를 불사하고
창백한 이스메네 비폭력으로 냉소짓네
감정의 물을먹고 지성의 빛받으니
어느곳에 닻을댈까 나날이 갈팡질팡

볼썽사나운 요지경속 머리헤집어 써대자니
참이냐 순수냐 글마다 헷갈린다
내글이 빵을위해 무슨일을 할수있나
사르트르 펜던지고 거리로 나설때에
배고파도 사랑있고 배불러도 이별있어
소월素月영랑永郎구구절절 가슴으로 노래했네

어차피 인생이란 프로스트 말씀처럼
한길뿐인 선택이니 해도후회 말아도후회
명분을 따르자니 실리가 울어대고
실리를 따르자니 명분이 진노한다
사랑을 따르자니 황금에 눈이가고
황금을 따르자니 사랑이 애달파라
양심을 따르자니 현실에 뼈저리고
현실을 따르자니 양심이 통곡한다
청빈을 따르자니 영화가 유혹하고
영화를 따르자니 청빈이 비웃는다
극락행을 따르자니 오감五感이 분방하고
오감을 따르자니 인생살이 분탕질뿐
목숨을 따르자니 생로병사 고해苦海요
죽음을 따르자니 허망하고 무상토다

"To be, or not to be."
풀어도 풀어봐도 이것이 문제렷다
바로보고 뒤집어봐도 여지없는 뫼비우스띠
한치앞이 암흑천지 장님코끼리 형국이라
호사다마好事多魔에 새옹지마塞翁之馬거늘
요지경 마디마디 헷갈린다 헷갈려.

수필, 그 신성에 대한 패러독스

새들은 제소리로 노래를 부르고
꽃들은 제빛깔로 세상을 밝히는데
바람은 제갈데로 가없이 불어대고
별빛은 무턱대고 푸른밤에 쏟아지네
규칙과 법칙들은 인간이 지어낸말
자유도 방종마저 그들의 몫이라네
나만의 뇌관으로 우리만의 심장으로
울고 웃고 내뱉고 뇌까리고
쓰고 찢고 다시쓰고 싶은것도
진화라는 어줍잖은 자만의 설設을떠나
생물체의 지당하고 엄연한 본능일뿐

밉다 곱다 옳다 그르다
어쩌니 저쩌니 이래라 저래라
제도와 인습입네 질서와 관행입네
세상살이 잣대일랑 훌훌벗어 던지고저
찾아간곳 이역만리 신성타는 문학의땅
거칠면 거친대로 건방도 떨고싶고
낮으면 낮은대로 속삭여도 보고싶고
흥타령 사랑타령 미움타령 생生타령
내목소리 실어실어 썰이라도 풀고싶어

이리뛰고 저리뛰는 실팍한 영혼들을
수필이란 법조항은 교묘히도 옭아매네
예리한 시어詩語들이 섬광처럼 스쳐갈 때
기민한 소설들이 21세기를 예견할 때
신성타는 수필계는 근엄함만 앞세우네

방방뜨는 유행어는 저속해서 안돼
거친말 튀는소리 문학성에 저해요소
우릴대로 우려먹고 뒤질대로 뒤진말만
고색도 창연하게 나열해야 우아해져
신세대가 콧방귀뀌며 조롱하는 순결을
성자聖者도 부질없다 내던지는 고결을

쓸어안고 끌어안고 애지중지 떠받들며
난蘭에학鶴에 빌붙어서 목숨처럼 외쳐대네
체험을 앞세우나 체험하지 못한일
진실을 앞세우나 진실하지 못한마음
인간성을 앞세우나 인간답지 못한행동
터놓고 까놓고 써야한다 하면서도
덮어두고 숨겨놓고 좋은것만 보여주며
잘난척 고상한척 멋진척 훈훈한척
마음속 숱한간음 인간애로 포장하고
은근슬쩍 노략질은 정직으로 위장하고
범법탈법 예사로이 생활속에 널렸어도
말끝마다 교양이요 글마다 도덕군자
미움과 시기질투 중상모략 일삼아도
말끝마다 사랑이요 글마다 인정넘쳐

시인이 인생을 샅샅이 해부하고
소설가가 인생을 켜켜이 곱씹을때
수필가는 인생을 음미하며 노닐자네
아름답고 은은하고 촉촉하고 아스라함
몇십년쯤 후진하여 유유자적 거닐자네
케미컬 스피드 다이나믹은 금기
동성애 포르노 사이버에 대한글도

너도금물 나도사절 품위손상 제1호라
패륜아 사창가 깡패들의 세상은
신성침해 소재라 얼씬도 말렷다
효심의 불모여도 효심만을 자랑하고
부덕婦德은 간데없어도 부덕만을 입에달고
신의를 팔면서도 신의만을 앞세우고
인정은 메말라도 인정으로 산다하네
혼돈보다 정화 욕정보다 순애보
품위있는 작품위해 양심팔아 사기극

1차원도 분에차며 고차원이라 자족하고
1차색도 분별못한채 파스텔톤 운운하네
3차색은 고사하고 2차색만 상용해도
얼토당토 않다하며 궤변이라 삿대질
나잘났다 평하겠다 칼질하려 드는이도
사색은 사변이라 논리는 딱딱하다
변종은 캄캄하며 뭔소리냐 허덕이네
계보에 기호도 지명도가 백그라운드
서평에 작품평은 주례사로 열올리네
발전발전 외쳐대도 오평誤評은 독초렷다

발표없는 작가들은 사교장의 꽃이렷다

제사보다 젯밥이라 이판저판 기웃대며
피말리는 작업보다 작가타이틀 폼만잡네
입신출세 발판으로 장長자리에 불여급급
글로평가 받기보다 발로뛰려 비지땀빼

사람중의 사람이요 인간중의 인간뿐인데
사람위의 사람을 인간위의 인간만을
신성하게 품위있게 우아하게 그리라네
섹시한 목소리는 음란죄
허스키한 목소리는 불경죄
고성방가는 신성불가침죄
조목조목 죄를따져 탈수필적이라 유배행
멜랑콜리 리드미컬 소곤소곤 속삭이고
요리조리 아부하며 독자에게 추파던져야
아름다운 수필이라 상복일랑 터져난다

방종과 자유마저 거세된 슬픈예술
꺼이꺼이 한바탕 울어나 볼까보다
얼쑤얼쑤 서툰몸짓 춤사위나 올려볼까.

유죄有罪와 무죄無罪 사이

사람이 사는곳에 사랑꽃 만발하듯
얽히고 설켜들어 선악꽃도 무성하니
상벌도 가지가지 형벌도 천태만상
태형에 추방령 종신형 사형까지
귀에걸면 귀고리요 코에걸면 코걸이
제도에 인습입네 헌법에 면죄부라
유죄와 무죄가 옥신각신 뒤집히고
잣대와 저울대도 입심따라 오르내려
고명하신 율사님네 권커니잣커니 노는마당
돈놓고 돈먹기에 죄의유무 결판나네
인간의 죄업에 시공時空도 한몫하여
나라마다 고을마다 해석이 분분하고

세월따라 사관史觀따라 유죄무죄 무상하다

조선조 여인네들 원한의 형틀이던
삼종지도三從之道 칠거지악七去之惡 구슬픈 요지경속
죄악이 별거더냐 세월이 척유斥儒하니
어제의 푸른서슬 오늘의 웃음거리
내행복이 우선이니 시부모에 순종않아도
무엇이 문제더냐 '불순구고거不順舅姑去' 명분없고
팔자 소관에 무자식 상팔자니
자식걱정 쓸데없어 '무자거無子去'도 무효로다
섹시함이 주무기니 '음탕죄淫去'도 성립안돼
애증은 한몸이라 사랑하면 '질투하고'
체질도 운명인데 '병든몸'이 무슨죈가
곰보다 여우라고 유머위트 생명인데
'말많은것' 죄로치면 돌부처를 사랑할까
'도둑질'도 나름이라 절대불가 옛말이고
투기에 사랑도둑 현행법엔 무죄로다
족보에 먹칠이라 가문에 불명예라
소박맞은 여인네 종신토록 죄인이더니
여자유죄 남자무죄 세월따라 반전하여
고개쳐든 여자앞에 고개숙인 남자들
폭력아내 등장하니 설자리가 까마득해

이혼녀 쌀이세말 이혼남은 이가서말
유죄무죄 유전하여 남녀팔자 뒤바뀌네

플로베르 보봐리부인 풍기문란죄로 기소되고
톨스토이 안나카레니나 불륜죄로 기소되고
D.H로렌스 채털리부인 외설죄로 기소되고
루시니 악마의시 명예훼손죄로 기소되고
솔제니친 수용소군도 국가모독죄로 기소되고
박대통령 자주선언 인권유린죄로 기소되고
한국식 사랑의매 아동학대죄로 기소되고
장발에 담배꽁초 경범죄로 기소되고
핫팬츠 미니스커트 노출죄로 기소되고
좌우익 이데올로기 사상죄로 기소되고
유부남녀 사랑일랑 간통죄로 기소되고
으쌰으쌰 곁불쬐다 사회교란죄로 기소되고
....
죄목도 가소롭다 시시콜콜 유죄더니
세월따라 시절따라 만사형통 무죄판결
어제의 죄명들이 유명세로 활개치네

수천년 젖은가난 소비가 죄악이요
근검에 절약만이 살길이라 외치더니

호시절 호경기라 살판났다 장구치며
절약이 유죄요 소비가 무죄라네
내핍이 내수시장 얼어붙은 근본원인
경제질서 파괴되니 너도죽고 나도죽어
유죄이던 소비지출 미덕으로 상향조정
아뿔싸 국제금융 돈줄따라 들고뛰네
결단날 판국이니 매국賣國이 애국이라
외국자본 유입한자 매판자본이라 돌팔매질
망국적 국수론자 게걸스레 유죄놓더니
세월이 유한하여 부도위기로 목줄타니
무죄판결 선포라며 빨리빨리 들여옵쇼

천하의 도적떼도 의적으로 각색되고
마약에 매음까지 필요악으로 둔갑하고
허영과 사치는 미의식의 발로라네
미각味覺을 탐하는자 미식가로 우대받고
팔난봉 바람꾼은 페미니스트로 행세하고
얍삽한 회색분자 중도행中道行이라 유유자적
폭력에 살생까지 제도본능의 순교자라
수상受賞도 수상한세상 시혜施惠와 수혜受惠사이
삿대질에 목줄세워 악화惡貨가 양화良貨구축
상패따라 호명따라 쉬파리떼 몰려들고

제돈풀어 상금먹고도 유죄무죄 나는몰라
무전유죄無錢有罪 유전무죄有錢無罪 사천만이 노래해도
무전자의 등을밟고 유전자가 유죄有罪하나
세상은 능력가라 입닳도록 칭송하네

무엇이 악이던고 누가누가 죄인인고
겁나게 벌주는일 누구라서 할수있나
뒤집어 까발리면 무죄자가 유죄되고
인간애로 측량하면 유죄가도 무죄판결
유죄와 무죄가 분초다퉈 뒤바뀌니
유죄와 무죄사이 일란성에 무촌無村이라.

말의 순례

가슴에 보랏빛으로 멍울진 말
목울대에 묻혀 나오지 못한 말
생명이 있으나 숨쉬지 못하는 말
아름다운 옷을 입고 세상을 떠도는
수상쩍고 불쌍한 말, 말, 말…

"글은 바로 그 사람이라는데, 이런 글은 네 이미지만 나빠지겠다."

어느 날, 걱정스럽게 전화를 한 친구에게 대답할 말을 찾지 못했다. 문학의 우수 어린 분위기와 수필이 갖는 고매하고 아련한 아름다움의 영역에서 밀려난 듯한, 직설적이고 거친 나의 글에 대해서 스스로도 뚜렷한 근거를 찾을 수 없기 때문이다. 친구는 정감 있고 우아한 작품을 쓰라는 충고도 잊지 않는다.

그의 말에는 사랑이 담겼는데도, 무안하고 당황하며 섭섭한 마음까지 든다.

수필답지 못한 수필 – 더러는 독설에 놀라고, 직설에 난처해하는 사람들에게 어떻게 변명이라도 할 수 있을까.

정돈되지 않는 생각은 머리를 헤집으며 방황하기 시작한다. 뚜렷하지 못한 생각들이 수려한 말을 찾아 배회한다. 생각과 말의 불일치를 실감하는 순간이다.

나는 늘 말하는 것을 두려워 하며 산다. 상대방의 비위를 거스르지 않으려고 눈치도 보아야 하고, 몇몇이 모인 자리에서는 공평하게 대화를 나누어야 하니 순서도 지켜야 한다. 여러 사람 앞에서는 다수의 공감을 얻어야 한다는 불안감도 있고, 생리적으로는 입안이 타고 가슴이 뛰어 곤욕을 치른다. 말을 하지 않고 살 수도 없으니, 하루하루를 말에 위협당하며 사는 신세가 되었다. 말을 직업으로 갖는 방송인과 재담가, 토론자, 논리정연하게 논거를 반박하는 법조인의 모습을 보면 부러움과 경외감을 금할 수 없다.

초등학교 1학년 종업식 날, 어머니는 담임선생님을 모시고 회식자리를 마련하셨다. 우등상을 받은 5명의 어린이 중에서 내가 유일한 여자아이였기 때문인지 어머니는 몹시 흥분하셨다. 읍내 중심가에 있는 중국 음식점에 상을 받은 아이들과 어머니들이 모였다.

부모는 어린 아들이 휘두르는 장난감 칼을 보며 장군의 기상을 점치고, 어린 딸이 무심히 그은 무딘 선 하나에서 화려한 화가의 길을 꿈꾼다고 한다. 오랜 병고로 외출을 거의 하지 않던 어머니가 그날따라 까맣게 잊고 살던 희망을 발견할 수 있었던지, 생기 찬 얼굴로 말씀을 많이 하셨다. 선생님과 남자 애들이 함께 한 자리여서 자장면 그릇에 얼굴을 묻다시피 먹는 나를 보며, 어머니는 크고 당당한 목소리로 "선생님, 저는 이 아이를 꼭 변호사로 만들겠습니다." 하시는 게 아닌가. 나는 놀라고 부끄럽기도 하여 쥐구멍이라도 찾고 싶었고, 다른 어머니들도 놀란 눈치였다. 변호사가 정확히 무엇을 하는지 몰랐지만, '말 잘 하는 변호사'라는 소리는 들은 일이 있어, 사람들 앞에 서면 가슴이 떨리고 말문이 막히는 버릇 때문에 어머니의 말씀이 두렵기까지 했다.

어머니는 한가한 저녁 시간이면 "변호사가 되려면 말을 잘 해야 한다." 며 아버지 앞에서 큰 소리로 책을 읽거나 이야기 연습을 시켰다.

어머니는 나를 통해 무엇을 말하고 싶었던 것일까. 남자애들도 어렵게 받은 상장을 내가 받아와 딸만 둔 아낙으로서의 콤플렉스를 어느 정도 해소할 수 있었던 것일까. 출생과 성정만큼 영화롭게 살지 못한 데 대한 대리욕구였을까. 남성 우월적 여건에서의 부당한 운명에 대한 항거였을까. 여자이기 때문에 발휘하지 못한 지적 성향과 감성의 소용돌이에 대한 한풀

이였는지도 모른다.

어머니는 딸이 받은 작은 상장 하나로 보랏빛 장래를 약속받은 듯 행복해 하셨고, 결단력과 의지력이 남달리 강한 어머니의 성격을 아는 나는 '말을 잘 해야 잘 산다.'는 강박감에 시달렸다.

딸아이의 대학입시를 앞두고 나는 그 옛날 어머니의 모습 그대로였다. 그때의 어머니 심경을 어렴풋이 헤아릴 수 있게 되었다. 수학을 좋아해서 경제학과를 준비하는 딸아이에게 법학과를 제의하자, "나는 말싸움에 자신이 없는데…." 하며 쓴 웃음을 짓는다. 여지없는 내 어린 날의 모습이다. 딸이 변호사만 되면 원도 한도 없을 것 같던 어머니의 모습 그대로의 나－한도 내림이고 소원도 내림이며 말에 대한 두려움까지도 내림인가 보다.

가끔, 친정식구들은 "어머니만 일찍 돌아가시지 않았으면 너는 변호사가 되었을지도 모른다." 며 의지가 굳고 명석했던 어머니를 추억한다. 그러나 지금도 그 말이 두렵다. 온갖 말의 화살을 피하여 완벽한 말들도 피해자와 가해자를 변론해야 하는 일에 자신이 없다.

그러면서도 나는 수없이 많은 말을 하고 싶다. 건조한 사건보다는 가슴에 젖어드는 사연, 논리보다는 감성, 법전보다는 시집을 뒤적이며 뜨거움과 차가움, 분노와 사랑, 가슴에 묻어둔 수많은 말들을 살아 있는 그대로 쏟아 놓고 싶다.

어쩌면 어머니는 나에 대한 꿈을 절반쯤은 이루셨는지도 모른다. 인간으로서의 존재를 철저히 가다듬고 보호하기 위하여 나와 타인이 공유하고 있는 감정의 색채들을 또 하나의 말-글로 여러 사람 앞에 드러내 보이며 변론의 말을 찾아 헤매고 있지 않은가. 여러 사람 앞에 서면 가슴이 떨리고 오금이 저려오는 딸의 못난 습성을 알고 있어, 어머니는 후미진 곳에 혼자 앉아 인간의 온갖 감정을 변호하기 위한 말을 찾는 시간을 마련해주셨는지도 모른다.

그 말들이 무작정 아름답기보다 조금 거칠고 못났어도, 나를 치장하거나 변명하기보다 진실과 용기를 담는 그릇이기를 바라는 어머니의 소망이 있어, 나는 오늘도 투박한 말을 찾아 외로운 순례의 길을 떠난다.

난지도蘭芝島

나는 모른다.

서울의 북쪽 끝, 한강 하류에 쓸쓸하게 버려진 그곳이 왜 그렇게 아름다운 이름을 지녔는지.

사람들은 그 옛날, 난초와 영지버섯이 지천으로 피어 있어 붙은 이름이라 하고, 어떤 사람은 그만큼 살기 좋은 곳이라는 의미였다고 한다.

그러나 황폐한 마음으로 그곳을 바라보던 때, 그 말은 먼 후일의 염원을 담은 설화쯤으로 생각되었다. 미아리텍사스나 청량리 588처럼 '난지도=쓰레기'라는 등식이 당연한 부호처럼 뇌리에 새겨져 있었기 때문이다.

70년대 말에 행정 당국의 묘책에 의해 지목되어 15여 년간 서울 시민의 쓰레기 처리장으로 쓰이며 난지도蘭芝島는 오명汚

名의 상징이 되어버렸다. 난지도의 입장에서는 천형天刑의 땅으로의 전락이지만, 우리에게는 하늘이 내려준 은혜의 땅이었다.

산업화의 물결은, 반만 년 불변의 법칙인 '검약의 미덕'이던 양속良俗을 '소비가 미덕'이라는 상반된 풍조로 변질시켰다. 쓰레기양으로 문화의 척도를 가늠하기에 이르며 쓰레기를 실어 나르는 난지도행 대형 트럭의 질주는 거듭되었다. 70년대의 가난을 벗기 시작하며 모여들던 소박한 쓰레기들이 80년대의 안락의 폐기물로 뒤덮였고, 90년대의 쾌락의 배설물로 산더미를 이루며 난지도는 악취를 뿜어댔다.

70년대 말

아낙네들이 마음을 졸이며 밤잠을 설치게 하던 연탄재, 샐러리맨의 애환 어린 대폿집의 싸구려 안주, 가난한 여대생의 그럴싸한 비닐백과 구두, 밀가루를 뒤집어쓴 교복 나부랭이, 셀로판지에 싸인 마른 꽃송이, 어느 소년의 찢어진 일기장, 잊어야 할 연인의 편지와 사진, 줄이 끊어진 낡은 기타, 신문지 조각, 빛바랜 참고서들, 과자와 빵 봉지가 제 세상을 만난 듯 풀풀 날렸다.

80년대

색색의 옷가지들과 화장품통, 깨진 레코드판, 박 대통령의 죽음으로 유명해진 시바스리갈 병도 자랑스레 나뒹굴었다. 뒷골목 카페에서 나왔음직한 반짝이는 드레스가 찢어진 채 선보이고, 뜯어진 스타킹과 생리대, 화장지도 버젓이 한몫했다. 조금 칠이 벗겨졌지만 꽤 쓸만한 가전제품이 여기저기 흩어져 있었다.

우리는 난지도를 지나며 차창을 굳게 닫고 액셀러레이터를 세게 밟았다.

90년대 초

포장을 뜯지 않은 치즈와 햄 덩어리, 유통 기간이 지난 식품들이 원형대로 던져지고, 음료수와 통조림 캔이 햇빛에 반사된다. 국적 불명의 양주병은 무더기로 쏟아지고, 유행 지난 모피옷, 쓰고 버린 피임기구와 일회용 주사기, 기저귀, 종이컵, 고무장갑이 거품처럼 널려 있고, 애완용 강아지의 사체에는 쉬파리가 드나들고, 대형 화환의 목 잘린 꽃송이들은 고개를 처박은 채 시들어가고, 알 것도 모를 것도 같은 이름자들이 구겨진 리본에 실려 구린 바람에 뒤채이고, 대필이 분명한데도 버젓이 이름을 내건 자서전이 반쯤은 찢어진 채 썩어가는 쓰레기에 젖어 있다. 외제 라벨이 도도하게 국산 라벨을 쏘아보고, 간이 커진 만큼 손도 커진 여인들의 음식물 쓰레기봉지는 과중한 무게를 이기지 못해 밑으로 흘러 처지고, 찌그러진 말보로와 라이트 담뱃갑, 카페인을 세련된 향기로 위장한 맥심과 초이스 병들…

세상사 그러하듯 쓰레기양은 기하급수적으로 늘어나고, 난지도는 쓰레기더미로 구릉을 넘어 산으로 변해갔다.

여의도가 번성하고 강남이 번창하며 한강이 아름다워질수록 세상이 뿜어내는 고약한 냄새처럼 쓰레기는 악취를 더하여 난지도를 버려진 땅으로, 서울이라는 고매한 성채城砦에서 도려내고 싶은 치부로 침몰시켰다. 사람들은 강변로를 달리며 쓰레기가 만들어낸 묘한 지형에 호기심을 보내면서도 코를 감싸쥐었고, 인근 마을 사람들은 땅값에 지장이 있을까 쉬쉬하다가 집값이 떨어지자 당국에 항의하기 시작했다.

난지도가 쓰레기로 포화상태에 이르자 당국은 쓰레기 반입을 금지시켰다. 그 후, 형형색색의 쓰레기산을 흙으로 덮어버렸다. 비닐과 폴리에스테르, 나일론, 양모, 피혁, 알루미늄, 플라스틱, 종이와 자기류가 흔적도 없이 검붉은 흙 속에 묻혔다.

권력과 금력의 부산물, 사랑과 미움의 결과물, 허영과 낭비의 폐기물, 노동과 착취의 상징물… 우리의 온갖 토사물을 쓸어버리듯 한 겹 흙덩이로 감추어버렸다. 신성神聖어린 입김으로 새로운 생명을 부여받듯, 난지도의 표면은 산의 형상으로 다시 태어났다.

우리는 아무도 난지도의 새로운 자태를 자랑스러워하지 않는다. 고마운 배설의 출구였는데도 난지도의 악취를 나 때문이라고 생각하지 않았고, 생소한 모습으로 아프게 태어난 난지도의 현재를 나의 결과물로 보지 않았다. 썩어버린 땅, 버려진 땅, 오염이 우려되는 땅으로 외면한 채 돌을 던지는, 도시의 골칫거리가 되었다.

그러나, 난지도는 생명의 의지를 잃지 않았다. 습기 찬 어둠 속에서 부패해버린 향기로운 기억과 감미로운 추억의 조각들을 발효시켜 초록빛 잎새를 틔워낼 에너지를 만들어 갔다. 세상에서 가장 불결한 이름으로 불려도 거부하기보다 포용하던 습관대로 생명의 숨결을 불러모았다. 밤낮으로 인간은 쓰레기를 실어날라 난지도를 지옥의 문턱으로 만들었지만, 쉬임 없이 바람은 잡초를 실어날라 꽃의 천국을 만들었다.

이제, 난지도는 또 하나의 꿈을 꾸고 있다. 난꽃과 영지버섯이 지천으로 피어 있는, 이름 그대로의 '난지蘭芝'의 꿈을… 그 옛날의 설화를 입증하듯, 세상에서 가장 아름다운 곳을 향한 들꽃의 씨앗들을 이곳에서 날개를 접는다. 세상을 떠돌던 잡초도 사랑의 힘으로 황무지에 생명을 실었다.

황폐할 대로 황폐하여 귀한 꽃들은 거들떠보지도 않는 땅이기에 개망초가 무리 지어 피어나고, 아카시아꽃 향기는 힘차게 악취를 밀어낸다. 아직은 사람의 손이 닿지 않기에 쇠뜨기와 애기똥풀, 돼지풀이 어우러져 붉은 흙을 살찌운다. 그들은 환경이 열악하기 때문에 다산多産과 조산早産 전략으로 종자를 번성시키며, 천형의 땅을 천혜天惠의 땅으로 변모시켰다. 음식쓰레기가 매몰된 곳은 습지가 이루어져 소리쟁이와 부들이 자라나고, 배기가스 때문에 지열地熱이 높은 도로변에서는 달맞

이꽃이 하얗게 밤을 밝힌다. 질경이처럼 질기게 살며 아무도 밟지 않은 오솔길에 질경이를 무더기로 기르는 곳, 꿩이 날고 멧새가 울며 산비둘기가 집을 짓는 곳– 난지도는 가끔 은하수가 잠기는 한강의 끝자락에 앉아 서해에 비껴든 노을과 밤섬의 철새들, 명멸하는 도시의 불빛을 바라보며 회억回憶으로 사랑을 기른다.

그는 알고 있다.

치욕과 타락, 고통과 절망의 끝은 용서와 사랑인 것을, 그 모두를 가능케 하는 것은 무한한 생명력인 것을….

먼 훗날, 난지도에 인적이 찾아들어 마을을 이루고 그 언덕에서 작은 교회를 볼 수 있으면, 나는 성녀 막달라 마리아를 조용히 뇌며 그곳을 지날 것이다.

마흔여덟 장의 비밀

낙장불입落張不入
안면몰수顔面沒收
일타사매一打四枚

노래처럼 입에 밴 말을 슬며시 뇌어본다. 불꽃 튀는 치열한 순간들이 추억이라는 낡은 외투를 입고 포근하게 피어오른다.

나는 알고 있다.

먼 기억의 저편에서부터.

요지경 속을 들여다 보듯, 열두 달 마흔여덟 장의 화투장에 담겨 있는 승패와 묘미의 세계가 얼마나 짜릿한 쾌감을 동반하는가를….

머리장 한 구석에서, 구멍가게의 먼지 낀 선반 위에서 우연히 화투목을 발견할 때 석류알처럼 쏟아져내리는 웃음소리가 환청처럼 들리는 것은 유년幼年으로부터의 오랜 내력 때문일 것이다.

신경을 곤두세우는 탐색전과 팽팽한 긴장감, 한 장 한 장에 행운을 걸어보는 기대와 낭패감– 화투판의 열기는 꾼들의 승부욕에 좌우되지만, 객쩍은 훈수꾼으로 더 술렁이기 마련이다. 혈기방자한 젊은이들의 화투판은 팍팍 쳐대는 소리와 함께 가속이 붙고, 중년층은 진중하게 턱턱, 노년층은 시간 때움으로 투덕투덕 화투를 친다.

화투놀이는 두 명이 마주 앉아 하기도 하고, 5 · 6명이 둘러앉기도 하지만, 재미있기로는 서너 명이 좋다. 서로 옥신각신 말을 던지고 뱉으며 심각한 현실의 문제들에서 놓여나면 쏟아내는 것은 유머와 재치뿐이다. 명절음식이나 야참을 먹으며 개평꾼이라도 곁에 두고 흥청대는 날이면 한결 신명나게 돌아간다.

TV 화면에 돈과 화투장이 나뒹굴며 꾀죄죄한 얼굴에 까치집을 튼 머리의 사람들이 줄레줄레 엮여 고개를 숙이고 있는 도박판 기습 보도가 나와도 사행심을 부추기는 파괴의 도구라는 심각성을 크게 실감하지 못한다. 흥분과 쾌감의 본능을 절제하지 못하는 약한 의지에 대한 연민과, 그들이 치유받고 싶어하는 환부의 정도는 얼마쯤일까, 어쭙잖은 감상에 빠져들기도 한다.

도박은 자기 파괴의 본능과 성취의 본능이 동시에 진행되는 것이라고 한다. 중독성이 강하고 갑자기 금단되면 우울증이 나타나는 질환으로 치부하지만, 깨지고 부서지며 이루어내는 폭력에의 갈증과 혼돈의 시대를 이겨내는 필요악적 요소가 아닐까. 미래에 대한 불확실성이 판마다 따라드는 기대치의 욕구에 우리들을 강하게 얽매이게 하는지도 모른다. 그러나, 성취의 유혹은 강렬한 자기 파괴의 독소를 지니고, 또 다른 독소와 대응할 수 있는 저항력으로 작용하기도 한다.

사람은 정신적 육체적으로 모든 성분이 골고루 함유될 때 건강이 유지된다. 사랑과 미움, 기쁨과 슬픔의 감정이 절절히 조화되고, 어느 정도의 병균과 독소가 인체에 보유될 때, 항균작용과 해독작용이 이루어진다. 미국 서부 네바다 사막의 한가운데 도박과 환락의 불기둥을 피워올린 라스베이가스가 방대한 국가의 그늘진 환부를 껴안고 위무하듯이….

눈 내리는 겨울밤, 따뜻한 불빛 아래서 밤을 밝힌다. 첫닭이 울어도 몇 번의 하품으로 굳은 몸을 일으키는 것은 그리웠던 사람들과 밀렸던 정담을 서리서리 풀어내는 화투판 때문이다.

팔순이 넘은 아버지는 화투를 즐기신다. 친구분들과 만날 때면 내기 화투를 몇 판씩 치곤 하신다. 적적한데 더 노시라고 하면, 오래 신경을 쓰면 머리도 아프고 삭신이 쑤신다며 몇 판으로 내기를 가르곤 거두신다.

우리들이 친정에 가는 날은 아버지는 새벽녘까지 화투판을 떠나지 않으신다. 사위들은 다른 방에 판을 마련해 주고, 네

딸들과 둘러앉아 즐거운 표정으로 밤이 깊도록 화투를 치신다.

재수가 좋다는 굴뚝 진 자리를 차지하려는 것으로 화투판은 시작된다. 열기가 붙으면 부녀와 자매간도 '안면몰수'하고 깜빡 조는 사이의 헛손질에도 '낙장불입'을 외쳐대며, '일타사매'의 야무진 손놀림으로 기를 죽인다.

야식夜食을 먹어가며 밤이 깊도록 화투를 치고난 다음 날이면 쥐약 먹은 병아리같이 이리저리 비실대는데, 아버지의 안색은 밝고 행복해 보이기만 하다.

우리들이 짐을 꾸리며 떠날 채비를 하면 아버지는 "너희들 언제 또 올래?"하며 애꿎게 화투장을 만지신다. 행복감으로 물들었던 노안老顔에 침침한 외로움의 그림자가 드리우고 "어서들 가라."며 돌아서는 아버지….

어머니는 늘 병석에 계셨다. 자리를 떨치고 일어난 모습을 본 적이 없다. 어머니의 중환으로 집안은 우울하고 고적했다. 생기도는 어머니의 얼굴에 대한 기억은 몇 번 되지 않는데, 그 중 하나가 화투판에서 쏟아내던 맑은 웃음 소리이다.

통증이 덜한 날이면 어머니는 가끔 우리들을 데리고 화투판을 벌이셨다. 놀이는 어머니와 세 언니들의 몫이고, 나는 알사탕을 빨며 판을 들여다보거나 어머니가 따다놓은 동전을 헤아리고 성냥곽을 모아 집을 짓곤 했다.

어머니는 이상하게도 화투만 치면 덜 아픈 것 같다고 하셨다. 즐거움 속에서 생성되는 엔돌핀이라는 성분의 효력을 모르고 있던 언니들은 "설마 그럴 리가 있겠느냐?"는 표정을 지었다. 그러다가도 어머니의 통증이 심해져 괴로워할 때면, 우리들은 간구하듯 "엄마, 화투칠까?"하며 울먹였다.

나는 어머니와 언니들의 판에 끼어 앉아 화투를 하고 싶었으나, 너무 어린 탓에 짝이 맞지 않는 헌 화투패와 함께 늘 판 옆으로 밀려나곤 했다.

어느 해, 나는 아버지와 밤마다 화투를 치며 세월을 살라야 했다. 어머니가 떠나신 후, 밤은 어둡고 긴 동굴의 끝에서 으스스한 눈빛으로 나를 바라보는 것 같았다. 사람들은 어머니가 애끊는 정을 떼느라고 그런다고 했다.

≪프랑스 동화집≫과 ≪영국 동화집≫, ≪알프스의 소녀≫와 ≪톰소여의 모험≫을 하룻밤에 한 권씩 읽어내는 내가 책보다 더 좋아하는 놀이가 있다는 것을 알고 계신 아버지는 어느 날 밤, "우리 화투 한 판 치자."며 내 눈을 반짝이게 했다. 민화투를 신나게 쳐대는 것을 보고 아버지는 둘이 마주 앉아 치기에 적합한 '육백'을 가르쳐 주었다. 며칠이 지나자 내 실력은 아버지와 맞수로도 손색이 없으리 만큼 급진전을 보았다. 어느 날, 거듭 선을 잡는 내가 놀랍고 기특하다는 듯 아버지는 큰 소리로 웃으며 "우리 내기 하자!"고 지전紙錢을 판돈으로 내놓으셨다. 아버지는 내 잔꾀에 놀라는 시늉을 하며 학교에서 일어난 일과

먹고 싶은 것, 갖고 싶은 것이 무엇인지 간간이 물어오셨고, 나는 패를 돌리며 이 얘기 저 얘기를 고시랑 고시랑 늘어놓았다.

몇 장의 지전을 앞에 놓고 벌어지는 10살 안팍의 딸과 50여 세의 아버지의 화투판— 나에게는 승부욕에 불을 질러 어머니와의 이별의 슬픔을 잊게 했고, 아버지에게는 어린 딸의 안쓰러운 모습을 보아야 하는 아픔에서 잠시나마 놓여나게 하는 시간이었다. 그곳에는 깊디깊은 포옹보다도 슬프도록 질기게 이어주던 '부녀父女의 정'으로 절박한 슬픔을 헤쳐내는 아린 정경이 있었기에, 지금도 나는 낡은 화투조차 쉽게 버릴 수 없는 것인지도 모른다.

요즈음 우리 자매들은 모여 앉아 화투를 치는 시간을 큰 즐거움으로 안다. 우리들이 함께 걸어온 세월 중에서 얼마나 큰 슬픔의 덩어리가 열두 달 마흔여덟 장의 아슬아슬한 비밀 속에 잠들 수 있었던가 알고 있기에 아무도 화투를 천박한 놀이도구로 밀쳐내지 못한다. 밀고 당기는, 때로는 긴장감 도는 호흡 속에서 이루어지는 우리만의 끈끈한 정리情理를 알고 있어 화투판을 펼치며 외로움의 돛배로 표류해야 하는 세상사를 접어버린다.

서너 명은 커녕 두 명이서도 만나기가 힘들어 고스톱문화도 사라져가는 현실이라는 절대고도의 한가운데에서 자력에 끌리듯 모여 앉는 네 자매— 화花 · 조鳥 · 우雨 · 월月의 화투장에 단잠을 떨치며, 또 하나의 이야기가 익어만 간다.

동창東窓

동쪽 벽을 헐고 창문을 냈다. 별다른 장식을 하지 않아 창은 펑 뚫린 듯이 하늘에 맞닿아 있다. 그 편에는 짐들도 나직하게 놓여 하늘만 가득 안겨드는 것 같다.

엇갈려 쌓은 벽돌을 쪼아내고 다시 잇는 작업은 쉬운 일이 아니어서 창을 내는 데는 공을 들여야 했다. 주변 사람들은 관리하기 힘든 주택에서 떠날 생각은 않고, 창을 내고 나무대문을 고치는 나에게 좋은 아파트도 많은데 왜 저렇게 사느냐며 쓴웃음을 짓는다.

남쪽 창 아래에는 장독대를 만들었다. 반듯한 남향에 온종일 볕을 받고, 돌계단을 한 발 내려서면 장독을 여닫을 수 있다. 틈이 좁아 마땅치도 않고, 집 정면에 장독이 보이는 것이 좋지 않다며 가족과 이웃은 눈살을 찌푸렸지만, 추녀가 비껴간

곳에 조그만 자리를 마련하여 집 뒤편에서 곰팡내를 풍기던 장독을 바로 놓고 싶었다.

창문을 내고부터 때때로 창가에 서는 습관이 생겼다. 감상에 젖거나 사념에 잠기는 고상한 행동과는 달리, 공해에 찌들어 구름 한 점 볼 수 없고, 밤이면 도시가 쏟아내는 불빛으로 별조차 자취를 감춘 백치 같은 하늘을 멍하게 바라볼 뿐이다. 가끔, 사선으로 내리긋는 빗줄기를 볼 때면 마음의 갈증을 풀 수 있고, 한낮에도 어두컴컴했던 집안을 햇살로 말갛게 쓸어내는 것이 창문이 내게 주는 은혜라면 은혜다.

나는 밤낮없이 창 앞에 서 있곤 한다.

마흔이라는 연륜은 많은 변화를 가져다주었다. 잊어버리는 일도 많고, 체념도 빠르며, 노여움과 걱정도 어느 정도 사라지고, 긍정과 부정의 필요성을 느낄 수 없다. 동쪽으로 커다란 창을 내고 싶다는 생각도 두어 해 전, 이렇게 무료하게 마흔을 넘어서면서였다.

또 한 가지 변화는 식성이 바뀐 일이다.

강원도 소읍에서 태어나 자랐지만, 어려서부터 감자와 고구마, 옥수수, 보리 같은 잡곡류는 좋아하지 않았다, 바다가 먼 산촌이어서인지 생선 비린내에는 토악질을 하고, 과일도 많이 먹지 않아 몸은 허약하기만 했다. 먹는 것이라고는 밥과 육류뿐이고, 가끔 자극적인 음식을 즐겼다. 육식을 좋아하던 아버지는 내게 양껏 고기를 먹이는 것을 사랑과 호사로 아셨다. 지금도 음식점에서 육회와 간, 천엽을 스스럼없이 먹는 나를 두고 사람들은 식성이 야성적이라며 의아한 미소를 보내지만, 여자답지 못한 내 식성은 어릴 때 아버지의 남다른 편애의 결과이다. 아버지는 내가 꿋꿋하게 자라줄 것을 간구하듯, 성년이 되어서까지도 식성에 관여하였다. 30대 초, 이웃사람들은 내게 '방배동 칼'이라는 별명을 붙여주었다. 선명하지 못한 얼굴 윤곽에 맺고 끊는 성품이 지나치다 싶어 한 번 놀라고, 그러한 성품의 소유자가 후덕하고 인심 좋은 강원도산이라는데 또 한 번 놀랐다. 어쩌면 사람들은 인정머리 없고 내심 팔팔하여 깡기까지 느껴지는 살벌한 분위기를 긍정적으로 생각해 주어 '칼'이라고 웃으며 불러주었는지도 모른다. 의지가 약해 아버지와 자매들의 마음을 아프게 하던 내가 왜 그렇게 억척스러워졌는지, 생활이 그렇게 모질게 만든 것 같아 서글플 때가 있었다.

아버지는 다부져 보이는 내 모습을 보고 이제는 사람이 되었다고 대견해 하셨다. '육식을 즐기는 서구인의 성품이 이성적이며 공격적'이라는 이론 같은 것을 알지도 못한 채, 아버지가 원하던 딸의 모습, '사람 같은 사람'을 만들어 험한 세상을 살아가게 하기 위해 정성스럽게 음식을 가려주시던 아버지.

요즈음 나는 육식을 좋아하지 않는다. 야채와 잡곡밥을 즐겨 먹는다. 고향의 토속적인 음식이 입맛에 맞고, 수입과일이 지천이어도 머루와 다래, 개살구, 오얏의 깊은 산촌의 과일이 생각난다.

연극배우 윤석화는 무대에 오르기 직전, 깍두기에 밥을 한 그릇 비벼 먹는다고 한다. 화려한 조명과 의상, 무대와는 어울리지 않는 습성 때문에 그녀는 늘 음식통을 마련해 갖고 다닌다고 한다. 동료들이 냄새에 눈살을 찌푸려도 그녀는 유유히 식사를 마치고 나야 힘이 솟구쳐, 마음껏 노래하고 춤추며 울고 웃을 수 있다는 것이다.

프랑스에서 활동 중인 우리나라 어느 여가수는 공연에 앞서 마늘을 몇 움큼을 썰어 먹는다고 한다. 그렇지 않고서는 음량과 음색이 제대로 나타나지 않는다는 것이다.

나에게도 남다른 습성이 있다. 대부분의 사람들은 공복일 때 머리가 맑다고 하는데, 나는 매운 음식을 양껏 먹고 난 후에야 마음이 안정되어 글을 쓸 수 있다. 마음이 편할 때는 어느 정도 허기를 다스릴 수 있으나, 긴장되는 일이 있으면 자극적인 음식에 대한 유혹이 심해진다. 글을 쓰는 작업은 심한 스트레스를 동반하기 때문에 글을 쓰는 동안 많은 음식을 먹게 된다.

사람이 나이를 먹으면 음식을 먹는 것이 아니라, 향수를 먹고 산다. 인간의 귀소성은 입맛까지도 '먼먼 젊음의 뒤안길에서 이제는 돌아와' 고향에 머무는 것이다.

세상 바람에 맞서기 위해 악착스레 먹던 음식을 물리고, 어린 날의 기억을 넘어서 어머니와 할머니가 즐겨 먹던 음식에 입맛이 당기는 오묘한 흙의 인력.

몇 년 동안 마음을 사려 만든 창문에 내려앉는 동녘 하늘은 무심해진 중년의 여자를 불러 세운다.

꽃구름도 별무리도 이루지 못하는 무정란의 하늘- 하늘은 웅크린 채 나를 보고, 나도 그렇게 하늘을 바라보며, 무료를 달래줄 것 같지도 않은 창문은 우리들 사이에서 또 이렇게 늙어갈 것이다.

그러나, 누가 알았을까.

그 하늘 너머에 고향이 나를 바라보고 있는 것을, 읍내에서 30리쯤 벗어나 들꽃이 어우러진 산길을 오르면 어머니가 나를 향해 누워계신 것을….

3백여 리 밖을 떠도는 그리움은 나에게 붉은 벽돌을 쪼아내고 동쪽으로 커다란 창문 하나를 만들게 했던 것인가 보다.

평화에 대한 옴니버스

스파르타의 전사

나는 전쟁을 위해 불꽃으로 피어난 그리스의 젊은이다.

20개의 폴리스 중에서 가장 광대하고 비옥한 땅인 스파르타의 귀족으로 태어났다. 만약 내가 허약하게 태어났다면 들판에 버려져 들짐승의 먹이가 되었을 테지만, 건강한 사내아이로 태어나 어린 시절에는 부모에게서 양육되었다. 7세에 이르러 가정을 떠났고, 뤼쿠르코스에 의해서 헌법의 기초를 이룬 국가적 의무교육인 스파르타 교육을 받게 되었다. 국가는 나에게 고통과 결핍을 인내하게 하고, 강인한 체력과 용맹성으로 무장시켰으며 애국과 복종으로 전쟁에 투입되어 모든 싸움을 승리로 이끌 수 있도록 엄격히 훈련시켰다. 페르시아 전쟁과 펠로

폰네소스 전쟁의 영광을 위해서, 주변의 모든 폴리스를 강압적으로 지배하기 위해서 방어와 공격을 목적으로 한 교육에 심신을 불태웠다. 읽고 쓰고 계산하는 것은 생존에 필요한 기초적인 것만 배웠고, 무용과 음악까지도 국가를 위한 전투용으로 교수되었으며, 오직 승리만을 위해서 맹렬한 훈련과 처벌, 서로간의 경쟁과 심판만을 교육받았다.

나의 신앙은 국가며 목표는 승리일 뿐이었다. 전쟁은 내 생명력에 불을 당겼다. 적을 향해서라면 맹수의 눈길이 되고, 온몸의 근육이 독수리의 날개처럼 퍼득이며, 심장은 활화산으로 끊임없이 용암을 토해낸다. 그것이 내 생명을 존재하게 하는 단 한 가지의 이유였다. 결혼과 출산, 육아까지도 또 한 사람의 나, 스파르타의 용사를 만들기 위한 국가적인 시책일 뿐이었다.

그러나 전쟁이 끝난 후의 평화는 나, 스파르타 전사를 송두리째 무너뜨렸다. 생명의 근원이던 국가를 위한 공격성과 승리의 욕구는 목표를 잃고 시들어갔고 그 공백은 정신적 교란을 일으켰다. 전쟁은 모든 감각을 생명력으로 들끓게 하여 인간의 야성을 마음껏 누리게 했으나, 평화는 그 야성을 거부하여 모든 스파르타의 용사들로부터 에너지를 무력화시켰다.

주변 폴리스에서 유입된 금은화는 무기력이 방탕으로 이르는 데 기름이 되었다. 맛본 적이 없던 쾌락의 늪은 스파르타의 멸망을 재촉했다.

전쟁은 스파르타 전사의 생명을 존재하게 했으나 평화는 내 존재를 영원히 사라지게 했다. 평화를 누릴 줄 모르는 나에게 평화와 행복, 금은보화는 어떤 독소보다도 빠르게 나를 파멸시켰다.

신라의 화랑

나는 외양과 품행이 단정한 신라의 귀족청년이다.

고대국가인 신라의 진흥왕은 아름다운 청년들을 무리 짓게 하여 명산대천을 찾아 도道와 의義를 닦고, 가악歌樂을 즐기며, 옳고 그름을 알게 하였다. 그 중에서 풍류의 예법을 알고 모두의 화합을 도모하기에 심덕이 굳은 사람을 가려 조정에 화랑花郎으로 등용하니, 현좌賢佐와 충신이 배출되었다.

나는 일정한 연령층의 청소년들을 모아 사회의 가치와 질서를 터득케 하고, 통일된 이상을 추구하며, 가무歌舞와 무예를 익혀 심신을 수양시킨다. 그들이 평화시에는 '세속오계世俗五戒'로 정신적 기저를 이루고 '풍류'로 모든 민중과 접촉하여 사회의 귀감이 되게 했다.

나, 신라 화랑의 단단한 조직력과 수양 과정은 국가가 위기에 처했을 때는 강한 무사도 정신으로 나타나 삼국통일의 위업을 달성하는 데 공헌했다. '풍류의 도道' 를 통하여 성취한 화랑의 정신은 신라가 멸망해도 소멸되지 않은 채 고려와 조선으로 면면히 이어져 왔다.

최치원은 "우리나라에는 현묘玄妙한 도가 있다. 이를 풍류라

한다."고 하여 '풍류의 도'를 국가와 사회적으로 이념화 했고, 신라는 신앙으로까지 승화시켰다. 그것은 전쟁에 대한 심신의 준비이며, 평화에 대한 적극적인 대응책이 되었다.

평화를 누릴 줄 아는 나의 풍류사상은 전쟁도 역사도 깨뜨릴 수 없이 생명을 위한 영원불멸의 도로 남겨진다. 아름답고 지고한 풍류에는 부패도 타락도 접근하지 못한다.

쿠바의 젊은이

나는 서인도제도의 흑진주인 쿠바의 젊은이다.

체 게바라의 초상이 걸린 아바나 광장에는 아직도 카스트로의 사회주의적 잔영이 남아 있고, 경제난은 전등이 없는 칠흑의 밤을 바닷물에 투사한다. 스페인풍의 구 아바나는 부식된 건물의 철근이 내 민족의 뼈마디처럼 불거져 나와 있고, 강한 태양빛으로 짙고 깊은 그늘을 만드는 좁은 골목마다 강렬한 눈빛만이 번득이는 암갈색 실루엣이 얼씬거린다. 거리를 어슬렁거리는 수많은 실업자들은 거무죽죽한 입술로 독하디독한 시가를 질근거린다.

아바나 해변의 검푸른 물결, 모래까지 검은 피노스 섬의 흑사장, 검은 진액이 뚝뚝 떨어질 것 같은 에스프레소 커피, 한달 급여 5달러의 어두운 미래… 그래도 나에게는 오랜 기쁨이 있다. 어머니로부터, 그 어머니의 어머니로부터 이어져 내려온 환상적인 무곡舞曲이 들리면 모든 어둠과 시름을 떨쳐내고 춤을 추는 것이다. 어두운 골목 모퉁이에서, 검은 그림자의 잔영이 운집한 아바나 광장에서, 가난하지만 열정적인 연인의 작은 창문 앞에서, 기쁨과 슬픔의 춤을 춘다. 격렬하고 애절하며 광기인가 하면 체념하듯, 생활 속에 유연히 흐르는 동작처럼 춤을 춘다. 우리에게는 세계에서 가장 서사적이며 감동적인 춤, 탱고의 기초가 된 하바네라가 있고, 아프로쿠바 음악은 룸바와 볼레로, 맘보와 차차차의 정열적인 춤들을 만들어냈다.

나에게는 춤이 있어 슬픔과 가난이 큰 고통일 수 없다. 리듬을 타고 춤을 출 때면 검붉은 생명력이 불타오르기 때문이다.

이념과 가난을 상대로 전쟁을 치르는가 하면, 평화가 곁에 다가드는 현실에서 나의 마음을 치유하는 것은 격렬한 춤과 음악이다.

서울 사람들

서울의 나는 전쟁 아닌 전쟁터에서 3천여 년 전의 스파르타인으로 살아가고 있다. 주변의 열강은 분초를 다투어 옭죄어 오고, 사상의 소용돌이에서 주체성을 지키기 위하여 과열된 입시경쟁은 학력 인플레를 도발하고, 상대적 빈곤감으로 신분상승의 전략을 앞세워야 하고… 예고 없이 다가드는 크고 작은 전쟁에서 이기기 위하여 심신과 감각을 단련하고 혹사한다.

치열하게 살아야 한다는 명제를 삶의 과제로 짊어지고 쫓고 쫓기는 형국은 긴장과 불안으로 이어진다.

안락과 행복이라는 평화의 요소들이 오히려 불안해지는 도시의 한가운데서, 평화에 대한 갈망은 크나 평화를 감지하고 향유할 수 있는 능력은 마비되었다.

서울은 놀이문화까지도 법의 제재와 규제로 형성되어 가는 수동적인 도시다. 법의 제재가 없다면 레저는 도박으로 이어지고 대중문화는 향락과 퇴폐로 치닫는다. 스페인의 투우도, 라스베이거스의 도박도 우리에게는 요원한 놀이문화다. 단속이 미치지 못하면 어두운 조명 아래서 이루어지는 산업은 모두 사회적 독소로 변색된다. 평화 속의 여가를 활용할 줄 모르는 사람에게 돈과 시간은 탈선을 제공하는 매개물일 뿐이다.

그 옛날 신라의 화랑이 살기 위해서 존재했고 존재하기 위해서 삶을 즐겼던 것처럼, 즐김의 주체자가 되기 위하여 풍류라는 현묘한 도道에 집입할 수 있었다면, 평화는 생명이며 시간과 돈은 인간이 인간답기 위한 최대한의 보조적 장치로 활용될 수 있었을 것이다.

낡은 도시를 지키며 암울한 미래를 예측하면서도 음악과 춤이라는 현묘한 방법으로 삶을 구축하는 쿠바인의 습속이라도 배울 수 있었다면 평화의 시간들은 더없이 검붉은 아름다움으로 타오를 수 있었을 것이다.

사이키 조명이 말초신경을 자극하고, 성적 퇴폐가 일상화된 거리에서, 그 옛날 스파르타 전사의 근육이 마모된 것처럼 내적, 외적 전쟁터에서 다지고 피워 올린 생명력이 그대로 소진되는 것은 아닐까.

평화라는 온유하고 아름다운 이름의 시간은 소리 없이 인간의 심신을 침략할 수 있는 무기로의 가능성이 크다.

나는 안락을 가장하여 은밀히 다가드는 사악과 유혹으로부터 얼마나 온전히 자신을 지켜갈 수 있을까.

풍류를 신앙으로 섬긴 신라인－ 그들은 평화라는 야누스적 현상을 일찍이 터득하여 적극적으로 대처할 줄 알고 있었던 것이다.

천오백여 년의 시공時空이 무색한 서울, 평화를 노래하면서도 평화를 갈망하는 서울은 지금 평화를 찾아 끝없이 표류하고 있다.

4부

흑黑의 미학

검은색은 비밀의 색이다.

천공天空에 잠긴 별빛만큼이나 많은 설화를 침묵으로 간직한 빛깔이다.

어느 초라한 무대에서 〈슬픈 카페의 노래〉의 애조 띤 시그널이 시작되기 전, 〈캣츠〉의 요란한 조명등이 밝혀지기 전, 〈11월의 왈츠〉에서 주인공 여배우의 침울한 목소리가 들리기 직전, 어둠의 공간은 빛의 세계로 향하려는 설렘과 두려움이 낮고 짙게 드리워져 관객을 긴장시킨다. 사람마다 사유와 감흥, 사연을 안겨줄 무대를 향해서 작은 숨소리도 죽여가며 기다리는 어둠 속의 동행– 그들은 미지의 세계를 향한 마음의 방랑자이기에 검은 베일 이편에서 새로운 빛을 기다리고 있는 것이다. 어둠 속에서 행해지는 탐색의 기미는 나를 생생한 삶의 감각 속으로 몰아넣곤 한다.

가장 미국적인 패션의 황제 캘빈 클라인은 검은색을 '최적 최고의 색'이라고 했다. 그는 한국을 방문했을 때도 검은 싱글에 검은 구두를 신고 인터뷰에 응했다. 그가 추구하는 패션도 단순하고 편한 스타일로 흑색과 백색이 주조를 이룬다. 그의 도회적인 감각은 현대 여성을 매료시킨다. 온갖 현란함을 제압하는 검은색은 근접할 수 없는 정중함과 오만함이 깃들어 있기도 하다.

〈더 모멘트〉 디스켓 표지에서 조용히 미소짓는 케니 G의 검은색 바지에 벨트와 티셔츠는 긴 퍼머 머리와 함께 로맨티시즘을 연출한다. 그의 은빛 색소폰에 실리는 아름답고 슬픈 발라드 재즈는 아련한 보랏빛을 연상케 하지만, 파스텔빛 저편의 헤아릴 수 없는 감각은 아무도 대신할 수 없는 멋스런 끼가 아닐까.

나는 이러한 남자들의 매력적인 감각을 좋아한다. 검은색 의상으로 자신의 이미지를 표출하면서 함부로 드러낼 수 없는 열정을 검은색으로 억압하듯 절제하고 있는 사람들의 농밀한 끼에 소리없는 찬사를 보낸다. 그들이 엮어내는 둔중하고 아름다운 세계는 검은색에 간직된 무한한 비밀의 결정체인 것이다.

'실존주의의 뮤즈'라고 불리는 프랑스의 샹송 가수 줄리엣 그레코는 연인으로부터 버림을 받자 검은색 옷만 입고 노래를 불렀다. 검은 드레스를 입고 무대에 서서 프랑스어의 뉘앙스를 살린 〈로망스〉를 부를 때, 사람들은 그녀와 함께 아픔을 나누며 검은 의상을 슬픔의 상징으로 생각했다.

괴테는〈파우스트〉에서 악의 전령 메피스토펠레스를 검은 개로 변신시켜 노학자 파우스트에게 접근케 한다. 선과 악, 파우스트와 메피스토펠레스, 은빛 학자와 검은 개- 작가는 검은색을 유혹과 절망의 상징으로 설정하고 있다.

검은색은 비련과 비운의 색이기도 하다. 슬플 때 바라보면 더 깊은 슬픔의 늪으로 빠져들게 하는 색이며, 곤경에 처했을 때는 고난의 밤이 계속될 것 같은 두려움의 색깔이다. 어둡고 습진 동굴의 색깔이며, 그 동굴에서 검은 망토를 퍼득이는 박쥐의 색이고 달의 흔적조차 감춰버린 그믐밤의 적막과 살벌함이다.

프랑스 여가수처럼 사랑이 끝나버린 절망의 색채이며, 파우스트가 끌려다닌 인생 역정의 처절한 색이기도 하다.

블랙 데이에 파업을 일삼고 블랙 코미디로 정치를 풍자하는 서양인들처럼 우리는 검은 예복을 입고 망자亡者를 이별하는 의식에 얼마나 익숙해져 있는가. 그러나 그 모든 슬픔의 순간들과 고통의 마디마디를 젖혀두고 무엇을 견고한 인생이라 말할 수 있을까. 침묵의 혼돈 너머에서 기다리고 있는 희망이라는 깃발이 없다면 어떻게 험난한 현재를 살아낼 수 있을까.

순수를 상징하는 흰색, 탐욕과 격정이 녹아내리는 붉은색, 이별과 분노가 담긴 노란색, 병마와 고독의 푸른색을 포용하고 묵묵히 밤을 지키는 어둠의 색채, 불행과 고통이 그들을 더 순결하게 했던 카추샤와 소냐처럼, 검은색은 많은 사람들이 외면하기에 더 차갑고 외롭고 순수한지도 모른다. 밤은 우리를 얼마나 평화롭게 감싸안는가. 욕망의 노예들과 가난한 연인들. 주름진 얼굴 사이로 밤의 검은 벨벳 휘장은 평등하게 드리워진다.

어머니의 자궁 속, 포근한 어둠과 고요한 양수羊水와도 같은 꿈속을 부유하게 만드는 밤의 오묘한 질서가 있어 낮은 어김없이 피어난다.

검은색에는 당당함이 있다. 아무도 흉내낼 수 없는 기품이 서려 있다. 검은색이 주조를 이루는 고구려 고분 벽화의 사나이들은 억세고 호탕한 기세로 천리마를 몰고 있다. 북만주 초원을 기마로 내달던 고구려인의 기상은 바람을 뚫고 달리는 흑마의 갈기, 무엇으로도 꺾을 수 없는 불굴의 기개가 아닌가.

검은색에는 한없이 많은 비밀이 서려 있다. '태초의 말씀' 이전의 침묵의 언어가 담겨 있고, '태초의 빛' 이전의 어둠이 서려있다. 고통과 절망을 마다하지 않는 여유가 있으며, 기쁨과 사랑마저 절제할 수 있는 기품도 있다. 출렁임으로 가득하되 속되지 않고, 지조를 지키되 차갑지만도 않다. 늘 곁에 있어도 신비함을 잃지 않는 사람처럼, 오묘한 비밀이 담겨 있어 열정 어린 별들이 함몰되는, 오직 하나뿐인 색채다.

이 세상에 검은 꽃이 없는 이유는, 누군가 땅 속 깊은 곳의 어둠을 살라 오색 꽃들을 피워내기 때문일 것이다.

검은색은 비밀의 색이다.

한 마리 소의 꿈처럼

나 죽으면 어디로 갈까.
아름다운 비문碑文
푸른 돌빛 아래 눕지 않으리.
행복한 유령의 마을에 이른들 무엇할까.
사랑하는 사람의 그림움으로 남은들 무엇할까.
바람으로 산산이 흩어져
그렇게 흩어진 이름으로
수천 수만 갈래의 의미 속에 흘러들어
꽃이 되고 구름이 되어
또 하나의 하얀 죽음
다시 바람 속으로 떠나가리.
수천 수만 갈래의 핏줄 속에 흘러들어
사랑이 되고 이별이 되는

한 마리 소,
한 점 붉은 정육의 잠정적인 꿈처럼.

소는 말이 없다.

'음메'

비음鼻音 어린 한 마디로 서글픈 심사를 토해낼 뿐이다. 맑고 둥근 눈망울이 숱한 이야기를 담고 있지만, 사람의 세상에서는 캄캄절벽이다.

사람들은 노루와 사슴의 고고한 자태에 빠져 흑단 같은 눈망울에서 지순至純을 읽는다. 토끼의 빨간 눈에서는 촉수 낮은 지혜라도 읽지만, 푸르디 푸른 풍경이 잠긴 소의 커다란 눈망울에서는 공허와 우매愚昧를 읽을 뿐이다. 담담하고 느린 동작과 쇠파리를 날리는 둔한 꼬리, 두엄 속도 마다 않고 노역奴役으로 일생을 나는 운명적인 몸짓 때문에 세련된 찬사를 받지 못한다. 날고 기는 놈들 속에서 묵묵부답으로 걷고 행하며 근대斤代만 올릴 뿐이다.

멍에를 이고 쟁기를 진 채 천수답天水畓에 목숨을 건 사람들과 일생을 천혜天惠에 맡긴 소작농에 헌신한 한국의 누렁소－투우사의 붉은 물레타에 이끌려 광기 어린 춤을 추듯, 이리 뛰고 저리 뛰어 온몸으로 받아내는 아레나의 뜨거운 갈채도 없다. 블루진에 텐갤런 해트를 쓴 카우보이의 긴 휘파람소리에 무리지어 달릴 수 있는 넓은 평원도 없다. '테스'의 사랑과 고백의 배경이 된 목가적 정경과는 견줄 수 없는 오종종한 산야, 허름한 외양간에서도 사리로 몸을 감싼 신비로운 인도의 여인들이 연인보다 더 숭배하는 힌두의 소를 부러워한 적은 없다.

종달새가 아침을 울고, 아지랑이가 대지의 깊은 꿈을 흔들어 깨울 때, 소는 한 해의 농사를 시작한다. 이슬을 밟고 나가 별빛을 받으며 돌아오는 기나긴 봄날의 사역使役 속에서 진달래는 이울고 초록은 영글어간다. 헐떡이며 박토를 뒤엎어 연록이 물결칠 즈음이면 소는 앞산과 뒷산의 두견새 울음까지 깊은 동공에 가득 가둔다.

가난한 삶의 귀퉁이에 얹혀 사는 소에게도 행복은 있다. 초동목수焦童牧豎의 손에 끌려 방죽에 놓이는 날이면 수천년 노역수奴役獸의 설움을 잠시 잊어 버린다. 향기로운 들풀과 산들바람, 초목이 쏟아내는 평온한 향기에, 비릿한 개여울 내음에 끌려 목을 축일 때면 송아지는 어미소의 젖을 찾아 고개를 든다.

소는 아무도 해하지 않는다. 돼지가 툴툴대며 게걸스레 먹이를 찾고, 개가 잘 났다고 짖어대며 주인 곁에서 꼬리를 흔들 때도 두 눈을 껌벅이며 웃을 뿐이다. 참새가 여물통을 뒤적이며 조잘대고, 생쥐가 촐싹이며 약을 올려도 '음메' 점잖게 한마디 던지고 하늘을 본다.

거친 날씨와 드센 햇살 속에서도 농경의 주역으로 풍년과 결실의 여신 이시스의 뜻을 모으는 한국의 소.

소에게는 꿈이 있다.

꿈이 있어 포크레인과 경운기가 천명天命의 노역을 빼앗아도, 몰아치는 개방의 열풍으로 농경의 주역에서 밀려나 체통에 손상을 입어도, 노여워하거나 슬퍼하지 않는다. 비육우肥肉牛로 전락한 오랜 내력의 돌개바람을 순명으로 맞으며 꿈을 기른다.

초식草食으로 맑은 피와 살을 빚어 한 점 버리지 않고 인간에게 헌정獻呈하여, 천 갈래 만 갈래의 길을 떠나는 것이다. 몇 조각은 어느 예술가의 외로운 밤을 위한 술안주가 되고, 굶주린 사람의 에네르기도 될 것이다. 연인들의 만찬에서는 부드러운 고깃점으로 사랑을 나누며, 식탐食貪 많은 사람의 체내에서는 높아지는 혈당치에 한몫도 한다. 미운 사람과 고운 사람, 젊은 남자와 늙은 여자, 귀한 사람과 천한 사람, 숱한 사람들의 황홀한 미각으로 체내에 흘러 들어 목숨의 일부로 남을 것이다.

한 마리의 짐승으로 세상에 나와 천여 년 농경의 역사에 헌신하다 아낌없이 육신을 내놓음으로 인간의 삶을 두루 살 수 있는 소－ 사람은 소의 깊은 꿈을 육신에 품은 채 죽음을 맞고, 소는 사람 속에서 함께 흙이 되고 물이 된다. 흙은 꽃과 잎, 열매로 다시 태어나고 소는 긴 세월동안 반추反芻를 위하여 다시 들녘을 찾을 것이다.

붉은 고깃덩이로 인간 사이에서 산화하려는 소의 순백의 꿈과, 풍장風葬으로 가볍게 부서져 방랑자의 모자帽子위에 얹히고, 작은 꽃씨를 따라 수천 수만 갈래의 생명으로 떠돌 우리들의 순수의 꿈.

바람이 분다.

사람들은 따스한 식탁에서 한 마리의 소가 간직한 꿈의 잔해와 만나고, 그 꿈에 갇힌 채 수많은 날들을 지날 것이다.

죽음으로 흙이 되고, 하늘이 되고 꽃이 되는 이 순환의 인연 속에서 소와 나, 그리고 우리는 아름다운 소멸의 주체가 된다.

깃발

축제가 시작되면 '예술의 전당' 앞에는 여러 개의 깃발이 펄럭인다. 흰색과 노랑, 파랑색의 농기農旗 모양을 한 깃발은 화강석의 거대한 서양식 건물에 겉도는 듯 어우러지며 교차로 앞 광장을 장식하고 있다. 사람들은 서구적인 현실에 외롭게 이식移植된 무명 깃발을 바라보며 그 길을 걷는다.

축제의 시간 속에서만 나부끼는 깃발, 그것은 흔들리는 의식의 귀퉁이에서 언제까지 표류해야 하는 우리들의 슬픈 내력일까. 바람이 부는 날이면 깃발은 절규하듯 힘찬 춤사위를 시작한다. 서구화의 벼랑에서 신음 어린 회한의 날들을 껴안은 채 온몸으로 율동을 펼쳐나간다. 사람은 죽음이라는 생명의 한계와 위기 때문에 악착스럽게 삶에 천착하게 된다. 깃발은 사위어 가는 고전古典에 대한 애달픔 때문에 더 처절하게 몸부

림치고 있는지도 모른다.

차들의 굉음轟音이 가까워지면 아이들은 대문을 박차고 뛰쳐나갔다. 한국군의 행군은 떡갈나무가지로 뒤덮은 지프차 몇 대만 앞세우고 보병의 지루한 행렬로 이어진다. 아이들은 금세 시시해져 맨숭맨숭한 얼굴로 지친 대열을 훑어보다 뿔뿔이 헤어진다.

그러나 외국군의 행군은 좀 다르다. 보행하는 병사는 없고, 육중한 군트럭이 행렬을 이루어 지나며 동네를 떠들썩하게 한다. 학교에서는 '미국 캐나다 호주 벨기에 그리스 남아연방…' UN 참전국을 외우느라고 진땀을 빼면서도 우리는 외국군 모두를 미군이라고 부르며 좋아했다. 흙먼지가 풀풀 날리는 신작로를 덜컹대며 달리는 차 위에서 그들은 휙휙 휘파람을 날리고, 아이들은 그 소리조차 미국 냄새가 나는지 "헬로! 헬로!" 하며 즐거워했다. 우리를 더 신나게 하는 것은 그들이 낄낄대며 던져주는 캔디와 껌, 초콜릿이다. 그것이 떨어진 곳에 아이들은 벌떼같이 몰려들었다.

햇살이 눈부시던 여름날, 아이들은 느릿느릿 달리는 외국군 트럭을 향해 동경의 깃발을 흔들듯 고사리손을 흔들고 있었다. 어느 병사가 던져준 비스킷 봉지에 아이들이 달려들고 있을 때, 다음 차에 타고 있던 흑인 병사가 은박지로 싼 둥근 덩어리를 반대편에 던졌다. 초콜릿이 분명하다. 그것은 배추밭을 향해 느리게 포물선을 그리며 떨어지고 있다. 햇빛을 받아 희게 반짝이는 물체를 따라 움직이던 내 눈이 못 볼 것을 본 광경이다. 구겨진 은박지는 몇 동강낸 초콜릿을 싸고 있다. 은빛 초콜릿은 유난히 푸르던 배추포기 속에 떨어져 내린다. 아이들은 미친 듯이 배추밭을 헤집고, 포만감에 번들대는 흑인병사를 태운 차는 멀어져 갔다.

우리들의 동심에 모멸감을 심어준 흑인병사의 초콜릿 - 미국에 대해 피어오르던 나의 분홍빛 깃발을 무참히 찢어버리게 했다. 그것은, 들놀이에서는 고시레로 뭇 생명을 보살피고, 가을이면 과일나무 가지에 까치밥을 남겨두며, 제삿날은 잊지 않고 문 밖에 시식施食을 내던 우리의 풍습으로는 들짐승에게조차 행할 수 없는 금기禁忌중의 금기였다. 작으나마 깊이 간직했던 희망이 녹아내리는 소리는 맵싸한 가슴을 휘돌아 엄청난 영향을 만들어갔다.

초콜릿이 주던 굴욕의 무게 때문에 미국은 폄시하던 나라이다. 정치와 사회적으로 우호적인 분위기가 고조되어도 문득 떠오르는 흑인병사의 희번득대는 얼굴은 비릿하고 야릇한 통증으로 초콜릿을 바라보게 한다.

먼지까지 털어내며 미련없이 조국을 등지고 태평양을 건너는 이민세대를 향해서도 나는 매도의 화살을 던졌다. 춥고 배고파서 신천지를 찾아가는 사람들과는 달리, 그들은 한결같이 배부른 중산층 이상의 계층이었기 때문이다. 가난한 민족의 빛바랜 무명 깃발을 버리고, 전쟁과 시름, 한恨과 원怨도 없는 성조기의 포효 속에서의 풍요와 안락을 꿈꾸며 트랩을 오르는 그들에게서는 파라다이스에 초대받은 주인공 같은 선민의식까지 엿볼 수 있었다.

그러나 나는 팽창적이고 감각적인 서구 문명의 조류에서 쉽게 헤어나지 못하는 이율배반적인 습성에 탐닉하며 살아간다. 서구인의 풍모에 매료되어 블루진을 좋아하고 콜라와 커피의 중독에서 깨어나지 못한 채 화려한 레스토랑을 기웃거린다. 에로틱한 광고판을 흘끔대고, 높은 로열티를 지불한 상품의 세련미를 탐내곤 한다.

미국으로 훌쩍 떠나버린 사람들이 그랬던 것처럼 새로움이라는 서양의 꽃구름을 타고 쓸모없이 비대해진 감각에 감격하기도 한다. 그러면서 궁색한 한 마디는 놓치지 않는다. 흐름은 어쩔 수 없는 현상이라고….

비판을 모르고 받아들인 서구의 문화는 어린 날에 각인된 모멸의 상흔에도 아랑곳없이 우리 것에 대한 무조건적인 열등감을 갖게 한다. 어머니가 지성으로 기도 드리던 하늘과 달, 별, 나무, 정한수 한 그릇, 산과 바위는 얄궂은 사대성事大性때문에 얼마나 무기력하게 나뒹굴고 있는가.

도시의 밤하늘은 별빛이 멀고, 십자가는 붉은 네온으로 장식된 지 오래이다. 사람들은 그곳에 모여들어 신을 경배하는 요식행위로 면죄부를 얻으려 한다. 종교란 순명과 신비 속에서만 풀이할 수 있는데, 일렁이는 촛불 아래서 벌어지는 신명 나는 한판 굿거리보다 샹들리에 아래서의 설교와 강론에서 죄의 탕감을 경험하려고 애쓴다. 고사와 굿판, 서낭당의 민속 신앙이 몽매한 습속으로 평가절하되고, 허무맹랑한 예수의 재림설이 불발의 희극으로 끝나도 우리는 종교적인 사대주의에서 쉽게 벗어나지 못한다. 호롱불과 달빛 속에서 바람소리를 들으며 이루어지던 푸닥거리와 액막이의 전래적인 정신요법을 무지한 과거로 밀쳐버리고, 환상적인 파이프오르간의 음률 속에서 문명화된 보속補贖을 실감하려 한다.

그것은 거친 손과 앙상한 체구에 반듯하게 쪽을 진 내 어머니를 마다하고, 서구적인 냄새와 교양이라는 윤기로 온몸을 치장한 양어머니의 품에 안겨드는 모습과 무엇이 다를까. 지친 우리 군인들의 행렬에서 눈을 돌리고 거들먹대는 외국 군인들을 열광하던 혼란한 무지와 무엇이 다를까.

거센 바람 속에서 생명력을 다져준 저 깃발은 알고 있으리라. 서낭기 아래서 이루어지던 순결하고 간절한 바람과 '농자천하지대본農者天下之大本'의 농기를 앞세운 두레패의 농악소리, 항일의식과 분단 이데올로기를 상징하던 태극기의 애환을 잊지 않고 있을 것이다.

다국적 차량이 홍수를 이루는 남부순환도로를 바라보고 세계적인 오페라와 오케스트라의 향연 속에서 오늘도 깃발은 향수

어린 몸짓을 멈추지 않는다. 아득한 날로부터 영원히 우리를 지켜주려는 듯 조각난 의식의 한켠에서 쉬임없이 펄럭이고 있다. 축제가 끝나면 깃발은 거대한 서양식 건물만 이 땅에 우뚝 남겨놓은 채, 어두운 창고에 갇힐 것이다. 광장에는 더욱 거센 바람이 몰려들고, 사람들은 문명과 훈풍 속에서 적당히 악수를 나누며 가을과 겨울, 그리고 또 다른 계절을 맞이할 것이다.

축제의 시간 밖에서도 우리들의 가슴에 간직해야 할, 저 무명 깃발의 처연한 흔들림….

찬讚 보신탕

한 여자가 개를 안고 간다. 앙상한 가슴 깊이 안긴 청동빛 요크셔텔리의 머리에 빨간 리본이 빛난다. 바람이 불어오자 여자는 옷깃으로 개의 머리를 감싸며 종종걸음친다.

골목 어귀 식당은 왁자지껄하다. 삐끔이 열어놓은 쪽문으로 훈김이 콸콸 쏟아져 나온다. 남정네들이 걸찍한 웃음에 불그레한 얼굴로 식당을 나선다. 입구에 세워놓은 '보신탕' 간판이 바람에 빠르게 돌아간다.

지구가 빙하의 긴 꿈에서 깨어나자 분열과 통합이 반복되었다. 그 열망이 지상에 사람의 발자취를 남길 무렵부터 개들의 울음소리가 들리기 시작했다.

페르시아의 베르트동굴과 독일 서부의 생켄베르크에는 인

간과 개의 오래고 질긴 인연이 담겨 있다. 벽화 속에는 원시의 촌락에서 애완보다는 식용에 헌신했을 개들의 흔적으로 가득하다.

아름다움은 감미로운 도취와 희망을 준다. 인간의 미적 갈증으로 꿈의 날개를 달고 아름다운 세상을 향해 끝없이 퍼득이며 날아오른다. 그러나 아름다움이라는 투명한 의식은 물과 같이 절대적인 모양으로 존재하지 않는다. 세련미와 청순미, 지성미와 야성미, 숭고한 아름다움과 관능적인 사로잡음– 가치의 척도에 따라 다양한 율동으로 우리의 미의식을 변화시킨다.

대가大家의 양광陽光 아래 피어난 연록빛 난꽃의 청아함과, 장미와 백합의 화려하고 도도한 아름다움, 바람에 쓸리는 가을 들녘의 이름 모를 꽃들의 고적한 아름다움에 누가 저울추를 놓을 수 있을까.

아름다운 여성의 조건에 백옥 같은 피부가 우선하던 시대가 있었다. 노리끼리한 피부의 동양여자들은 백인우월주의의 파급 속에서 서구인에 대한 선망으로 흰 피부를 갖기 원했다. 강렬한 햇살 아래서 검붉은 피부를 지녀야 했던 시골여자들은 그늘진 도시에서 수돗물의 표백 성분 때문에 창백해진 도시 여자들의 얼굴빛을 부러워하기도 했다. 흰 피부는 청순한 아름다움과 귀족적인 분위기를 뽐낼 수 있는 조건으로 모든 여성의 꿈이며 이상이고 과제였다.

요즈음은 가무잡잡한 피부색이 유행이다. 휘트니 휴스턴의 탄력있는 피부색을 닮기 위해 어두운 화장을 하고, 선탠으로 온몸을 태우기도 한다. 흑인 음악인 소울과 랩뮤직, 재즈가 유행하며, 검은 대륙의 감성은 세계적인 경향으로 흐르고 있다.

세네갈의 탐탐족은 무속巫俗을 전승하며 오지에서 살아가는 부족이다. 짐승의 가죽으로 만든 '탐탐'이라는 타악기를 두드리며 원시적인 종교의식으로 공동체를 이끈다. 그들은 희망과 기원을 간구하는 무속의 절차를 카니발식의 춤과 노래로, 원초적인 율동을 생활화하여 감각적이고 생동감 있는 생활을 한다. 가난하지만 인정스런 모습은 광포한 문명의 도가니에서는 느낄 수 없는 아름다운 정경이다.

올림픽이 서울에서 개최되자 세계의 매스컴은 한국에 초점을 맞추었다. 시련이 많던 동북아시아의 작은 반도, 한국은 역사와 문화, 경제의 여러 측면에서 세계인의 시선을 집중시켰다.

유럽의 여러 나라는 '개'를 식용으로 하는 우리의 음식문화를 미개한 습성으로 매도하며 질타한다.

브리짓드 바르도는 프랑스 방문을 앞둔 우리나라 대통령에게 개의 살육을 금지하지 않는 것은 세계화의 추세에 어긋나는 행위라고 지적했다.

개는 인류 최초의 가축이다. B.C 1만 년경의 신석기 시대부터 인류는 산양山羊과 함께 야생개를 사육하여 식용과 번견番犬으로 이용했다. 개는 인류의 발달과 함께 육식문화권과 채식문화권에서 사육의 용도가 다르다.

고대 이집트에서는 집을 지키는 번견으로 사육되었고, 로마 시대에는 군용견으로 훈련되기도 하였다. 수렵과 목축을 주업으로 이루어진 육식문화권에서는 식용으로 사육할 필요성을 느끼지 못하고 생활 주변에서 다른 동물의 침입을 알리며, 투견鬪犬으로 사람을 돕는 역할을 담당한 가축이다.

서구의 개인주의는 인간을 고독이라는 너울 속에 가두었다. 타인과의 결별의 벽은 외로움이라는 별을 가져다 주었고, 사람들은 외로움을 덜기 위해 개와 고양이 또 다른 애완동물을 기르게 되었다.

채식문화권의 우리는 농사를 주업으로 가축을 기르며 평화롭게 살아온 농경민족이다. 천재天災를 근면으로 극복하며, 주식과 부식을 곡류와 채소로 음식문화를 이루었다.이러한 식생활로 모자라는 동물성 단백질을 가축으로 보충해야 했다.

말은 귀하고, 소는 농사에 쓰임이 많았으며, 돼지는 큰 행사나 잔치에 쓰였기 때문에 민간에게는 주로 닭과 개가 식용으로 이용되었다. 그 중에서도 개는 맛이 뛰어난 고단백 식품으로 기氣를 잃고 휘청거리는 사람과 어려운 고비를 넘긴 환자는 황구黃狗의 높은 영양가로 기력을 보충했다.

한국인에게 개는 단순한 도살용 가축이 아니다. 거대한 자연의 위력 앞에서 신체를 보호하여 살아 남기 위한 유일한 동물성 단백질의 공급원으로 구장狗醬, 자양탕, 보신탕, 영양탕, 사철탕의 이름으로 이어져 왔다. 개장국을 끓여 복놀이를 하며 여름을 나는 우리의 대가족제도는 효도와 우애로 사랑을 엮어 갔다. 가족간의 사랑은 애완용 동물을 사육할 필요성을 느끼지 않았다.

이북사람들은 개고기가 고기 중에서 가장 맛이 뛰어나다 하여 '단고기'라며 즐겨 먹는다. 중앙아시아에 흩어져 살고 있는 한국 교포들은 개장국을 최고의 음식으로 생각한다. 개를 잡아 잔치를 벌이는 일을 미개한 문화라고 생각지 않고 외국인에게 당당히 그 맛을 자랑한다.

나라마다 문화와 생활의 습속은 다양하다. 음식문화는 한 나라의 언어와 함께 그 고유성이 인정되고 존중되어야 한다.

한국인은 말고기를 불운不運의 상징으로 여긴다. 재수가 없다며 먹지 않는 말고기를 프랑스인은 최고의 강장식으로 먹으며, '아내를 즐겁게 해줄 것'이라는 너스레에 그들만의 여유를 담는다.

우리는 불고기와 탕감으로, 서양에서는 스테이크와 스튜의 재료로 빼놓을 수 없는 쇠고기를 인도에서는 식용으로 금한다. 힌두교 교리에 의해 인간의 영혼이 사후에 돌아갈 마음의 집으로 숭배하여, 사육으로 고통을 주거나 도살로 고기를 탐내는 일을 금기시 한다. 자연사한 소의 시체는 영혼을 구원한다는 성스러운 갠지스 강물에 실린다.

우리는 번화한 대로변과 한적한 숲속의 호화로운 음식점에서 불고기를 굽고 소갈비를 뜯으며 미각을 충족시키면서도 뉴델리 거리에 방목되어 어슬렁대는 힌두의 소들과, 갠지스의 황색 강물을 성수로 마시며 종교의식을 일삼는 인도의 여인들을 바라보며 그들만의 생활양식을 간직한 진지하고 숭고한 삶의 향기에 숙연해 한다.

≪흥부전≫에서 제비는 권선징악勸善懲惡을 관장하는 존재로 등장한다. 전능한 힘으로 인간의 선과 악을 선별하여 다스리는 절대적인 힘의 화신으로, 털끝만 건드려도 화를 입게 되는 새로 생각한다.

제비가 집을 지으면 그 집에 복이 깃든다고 하여 제비집 아래 반자를 놓아 터 잡는 것을 도와주고, 새끼를 치면 다칠까봐 먼발치에서 세심한 배려를 잊지 않는다. 추녀 밑이 제비똥으로 지저분하다고 제비집을 털어내거나 새끼를 훔쳐내는 일은 금했다.

그러나 중국인은 제비집인 '연와'를 재료로 '옌차오시'라는 최고의 연회석을 꾸며 세계인의 미각을 사로잡는다. 한국인은 제비의 봄소식을 희망으로 맞고 둥지를 틀면 흥부에게 행한 보은報恩을 생각하며 살뜰한 마음을 쏟으면서도 제비집이 든 중국요리의 진기한 맛에 찬사를 아끼지 않는다.

캘리포니아는 열사熱砂의 황무지이다. 미국의 거대한 자본은 이 황량한 사막에 포도나무를 심고 스프링클러를 이용하여 재배한다. 섭씨 40도의 강렬한 태양과 시간 맞추어 쏟아내는 물줄기는 검고 당도糖度 높은 포도를 수확하게 한다. 포도가 익으면 포도송이를 따내어 인공으로 건조시켜 건포도를 만들지만, 캘리포니아에서는 자연 그대로의 상태에서 건포도를 만든다. 포도가 익으면 포도송이를 따지 않고 스프링클러의 작동을 중단하는 것이다. 나무는 높은 태양열 속에서 수분을 잃어가고 포도알은 까맣게 말라가며 높은 당도와 맛을 자랑하는 캘리포니아산 건포도가 되어 세계 시장을 누비게 된다.

생물의 제1의 욕구는 갈증에 대한 본능이라고 한다. 사람은 포도나무의 갈증을 최대한 이용하여 목적을 쟁취한다. 무조건 가해지는 인간의 모진 행위에 몸서리를 치면서도 우리는 유난히 달고 쫄깃한 캘리포니아산 건포도에 손이 머문다.

문화는 그곳만의 흙이며 태양이고 바람이다. 시각과 가치에 따라 아름다움의 기준이 달라지듯, 그들이 걸어온 내력과 일구어낸 전통에 따라 나름의 고유성을 지닌다.

세계화는 다른 나라의 문화를 불신하고 배척하는 미숙한 자세보다, 인정하고 존중하여 공존하려는 성숙된 마음가짐에서 이루어져야 한다.

세계화의 이름을 내건 동물보호론- 문화의 흐름 속에 스며 있는 개의 사육계보를 보면 보신탕에 대한 서양인의 시비는 어불성설語不成說이요, 고유 음식에 대한 자긍심으로 야만의 오명汚名은 일축해 버릴 일이다.

뱀과 개

동물을 사랑하는 사람을 보면 한결 정이 간다. 섬세한 품성으로 가정도 잘 돌보니 구석 구석 가꾼 흔적이 역력하여 집 안팎에 훈기가 돈다. 말씨는 온화하여 어질게 보인다.

우리 가족은 동물을 좋아한다. 아이들이 골목에서 사온 새끼오리와 병아리를 비롯하여 성남 모란시장까지 가서 구해온 토끼 고양이 개들을 열심히 길러보았으나 무엇 한 가지 제대로 자란 것이 없다. 어릴 때 울고불고하던 아이들도 이러한 결과를 보고는 '어머니가 뱀띠인 탓'으로 돌리며 쓸쓸한 표정으로 안타까워한다.

나는 동물을 싫어한다. 어떤 계기가 있어서가 아니라 천성이 동적動的이지 못하다 보니, 곰실대거나 나부대는 존재에 대하여 부담을 느끼는 것 같다. 늘 내가 거두어야 한다는 생각은 책임의식을 넘어 나를 옭죄기까지 할 때도 있다. 동물만 아니라 꽃나무 하나 실하게 기르지 못하는 것을 보면 곰살맞지 못한 성격이 규칙적이고 아기자기한 것과는 거리가 먼 것 같다.

며칠 전, 오래만에 서울 나들이를 오신 아버지는 앞뜰이며 뒷편의 장독대와 지하실을 두루 돌아보고는 "집이 휑한데 개나 한 마리 기르지 않고…."하셨다. 잔디의 잡초를 고르던 어머니가 "재가 뱀띠라서 개가 그렇게 안 되잖우."하며 아버지와 나를 번갈아 살피신다.

계사년癸巳年음 3월생――나는 개와는 인연이 없는 여자인 것 같다. 개를 보면 모골이 송연해지며 가슴이 뛰는 일로부터 어릴 적 개를 기르는 집 앞을 빨리 벗어나려고 달려가다가 돌부리에 채어 상처난 무릎이 덧나 여름내 고생한 일도 있다.

23살 때 개띠 남자와의 맞선은 상극관계相剋關係인 뱀과 개의 저지沮止된 인연을 말해주는 사건이었다. 대학을 갓 졸업한 풋풋한 처녀의 봄은 서른 살을 채운 그 남자에게는 무던히도 지루하고 외로운 계절이었나 보다. 맞선이란 남녀간의 단순한 만남이 아니고, 결혼을 전제조건으로 하기 때문에 사회 통념으로 그가 누리고 있는 여건과 나무랄 데 없는 예의범절은 주변 사람들의 호감을 얻기에 충분하였다. 확실히 그 사람은 나보다 좋은 점이 많았다. 성격도 서글서글하여 매사를 시원하게 처신하기 때문에 상대방을 편하게 해주었다. 사람들은 두 사람에게 희망적인 조짐이 보인다며 은연중에 성사되는 방향으로 이끌어가려는 눈치였다.

어느 날, 마주앉아 얘기를 주고받던 중에 전부터 알고 있던 일인데도, 그가 개띠라는 사실에 집착하기 시작하며 그의 얼굴에 개의 모습을 '오버랩'시키는 충격적인 실례를 범하고 말았다. 그 환영은 쉽게 떨쳐버릴 수 없이 따라다니며 머릿속을 휘저어 놓는 것이 아닌가. 그것은 운명을 관장하는 필연성의 돌출이었는지도 모른다.

그날 이후, 나는 이렇다할 이유를 내세우지 못한 채 그에게서 멀어져갔다. 사람들은 그만한 상대를 마다하는 것은 '제 복 차는 일'이라고 나무라며 안타까워했지만, 뱀띠 여자에게 개띠 남자는 과복한 존재였는지 나는 슬그머니 인연의 끈을 놓을 수밖에 없었다.

결혼식 날, 시댁에서는 3년 동안이나 기르던 개가 집을 나갔다. 사람들은 "혼삿날 개가 집을 나가면 평생 잘산다."는 말로 어색한 분위기를 무마했지만, 식구들은 동물을 좋아하는 다감한 사람이어서 개에 대한 추억과 함께 연연한 마음을 끊지 못하는 듯했다. 어느 날은 동네 쌀가게 기둥에 매여 있던 강아지를 데리고 대문을 들어서는 남편이 원망스럽기도 했지만, 동물을 사랑할 줄 모르는 내가 메마르고 비정상적인 것 같은 자책감이 들어 강아지를 먹이고 씻기는 일에 최선을 다하려고 애썼다. 그러나 그놈도 채 한 달이 못되어 행방을 감추고 말았다.

성당에서 가져온 석달박이 진돗개 '오솔이'도, 봉평蓬平에서 영동선을 타고 밤새 멀미를 하며 상경한 쌍둥이 스피츠 '아롱이'와 '다롱이'도 처음에는 생생하게 먹고 뛰던 놈들이 며칠이 못 가 눈빛이 흐려지며 비실비실하는 것이다.

얼마 전, 백화점 동물 코너에서 아이들이 발을 떼지 않아 꽤 많은 돈은 주고 하얀 마르티스 한 마리를 사온 적이 있다. 주치의를 두고 동물병원도 함께 경영하며 예방접종카드와 양육소견서까지 첨부되어 있어, 다른 때와는 달리 사육에 자신감이 생겼다. 30여 년이 넘게 이어온 개와의 좋지 않은 인연을 보상하고 싶은 마음에서 정성껏 돌보았다. 그러나 '제니'와도 어쩔 수 없는지, 집에 데려온 지 일주일 되던 날, 예방접종 후에 몸을 가누지 못하고 이틀을 앓더니 간호와 입원도 마다하고 눈을 감아버렸다. 뒤늦게 소식을 들은 동물백화점 주인이 청동빛 요크셔테리어 한 마리를 보내왔다. 나는 〈러브 스토리〉의 남자 주인공 '올리버'라는 멋진 이름으로 녀석을 부르며 애틋하게 마음붙여 보살폈으나, 그것도 시원한 결과를 보지 못했다.

무슨 음식이든 가리지 않고 먹성 좋은 내가 보신탕집 앞을 지나다니기에 썩 기분 좋아하지 않았던 일도 뱀과 개의 상극관계에서 오는 결과가 아니었나 싶다.

나는 선입견을 좋아하지 않는다. 되도록 모든 것을 현상 그대로 읽으려고 애쓴다. 그것은 의지를 불필요하게 만드는 왜곡된 해석을 낳기도 하고, 인생에 대한 선입견은 우리를 나약한 운명론자로 전락시켜 자유의지의 한계점에 도달할 수 없는 정신적 미숙아를 만들기 쉽다.

그러나, 우주만상宇宙萬象 중에는 나와 개의 관계와 같이 견제하고 화합하지 못하는 불가항력이 존재하여 질서의 한 부분으로 작용하고 있는지도 모른다. 음陰은 음극을 치열하게 거부하며 양陽을 찾아 결합하듯, 음양론이 설정한 상생相生과 상극相剋 관계는 희로애락의 인생 유희를 도입하기에 이른다. 한평생을 불화로 보내는 부부와 하는 일마다 성공하지 못하고 실패만 하는 사람을 주변에서 흔히 보고 듣는다. 때로 단념은 새로운 생성을 위한 맺음이다. 어쩔 수 없는 운명의 제지 앞에서 체념은 의지의 한계이기보다 지혜의 근원이 되기도 한다.

이제는 개를 기르려는 헛된 노력에서 헤어나야 하겠다. 애완용이나 방범용으로, 또는 동물을 사랑하는 사람의 다감한 성품을 닮고 싶은 것이 아무리 좋은 의도라 하여도 다시 개를 기르는 일은 미련한 행위일 뿐이다.

어떻게 사랑을 제한된 방법으로만 행하고 측정할 수 있을까. 동물을 보살피며 사랑할 수 없는 것이 뱀띠 여자의 운명이라면 내가 이루어야 할 사랑의 분량은 또 다른 적용 가치를 지니고 있지 않을까.

부딪치고 헤어나며 살아가는 주변 사람들을 사랑할 것이다. 작은 사랑의 고리는 끝없이 이어지고 다시 되돌아와 아픔 속에 있던 수많은 관계를 불가항력으로 치유하고, 우리를 새로운 시작으로 이끌어갈 것이다.

환생幻生

나는 그 그림을 '환생'이라고 부른다. 보랏빛 구름이 흐르는 짙푸른 하늘에 연녹빛 잎새가 흐드러져 날고 순결한 햇살이 스며든 파스텔 화폭을 오랫동안 바라보면 시야가 가물거리며 아라베스크를 탄생시키기도 한다.

인연의 고리를 문 '환생'은 무엇을 위하여 내 곁에 있는 것일까.

러시아 여행에 앞서 나는 이미 지쳐 있었다. 불쾌지수를 갱신하는 날씨로부터 경제적 불황으로 여행자에 불편이 많다는 현지 정보는 준비 과정에서 많은 부담을 주었다. 출국일이 가까워지며 불어나는 가방에 비례하는 집안 걱정은 마음을 더 불안하게 한다. 흐느적거리는 육신을 한 줄기 바람처럼 일으켜 세우는 것은 라스콜리니로프의 고뇌와 우수가 서린 상트페

테르브르크에 대한 그리움이다. 그때마다 볼펜과 스타킹을, '말보로'도 손가방에 챙겨 넣었다.

바쁜 중에도 꼭 준비하고 싶은 것이 있다면, 우리 교포 10여만 명이 살고 있는 알마타의 누군가에게 줄 선물을 마련하는 일이다. 몽상은 늘 중앙아시아의 지평선과 유랑하는 유목민의 환영을 뒤따르고, 며칠 동안의 경황 중에 한복 한 벌을 준비했다.

누구에게 선물할지 모르는 일이니 옷감으로 가져가는 것이 좋으나, 이미 마음으로 정한 옷 한 벌이 있어 이 궁리 저 궁리 덮어두기로 했다.

그것은 봄철 어느 행사에서 두어 시간 동안 입었던 옷이다. 그때 묻힌 고운 때는 오히려 예기치 못한 인연을 더 끈끈히 맺어 줄 수 있을 것이다.

연둣빛 삼회장 저고리에 감청색 치마가 깔끔하면서도 현대적인 분위기를 자아내 꽤 마음에 드는 옷이다. 원앙이 수놓인 눈물고름도 찾아 넣는다. 그것은 눈물을 닦는 일이 흔한 사람이 사용한다 하여 시세로는 멀리하나 어두운 치마폭에 생기를 주던 기억을 되살려 잊지 않고 챙겼다.

친지들은 그 한복의 때깔을 아쉬워하며 가져가는 것을 만류했으나, 마음은 어느새 굳어져 있다. 국경을 넘고 사할린을 지나 이국 땅 카자흐스탄에 뿌리내린 고려인에게 꼭 주어야 할 것 같았다. 그 여인을 위해서 서해 남단의 부드러운 토양이 뽕잎을 틔우고, 누에는 밤낮없이 실을 자았으며, 고운 손길이

한 땀 한 땀 비단결을 골랐으리라.

1992년 7월 28일 저녁, 카자흐스탄 호텔의 별실 '한국관'에서는 우리나라 작가와 구소련 작가의 만찬이 있었다. 후덥지근한 날씨인데도 냉방장치는 되지 않아 열어젖힌 창문으로는 바람 대신 열기가 몰려든다.

후미진 테이블에 앉아 가로등 없는 거리의 무성한 가로수를 바라보는데, 양해를 구하며 앞자리에 앉는 사람이 있다. 카자흐스탄 시인 마지그룹 노게스 씨와 교포 3세인 소설가 박 미하일이라고 자신들을 소개한다. 노게스 씨는 영어와 한국어를 못해 은은한 미소를 지을 뿐이고, 박 미하일 씨는 우리말을 어느 정도 구사하여 의사가 소통되었다.

"전에는 러시아어로 소설을 썼는데, 독립 후에는 카자흐 말로 써야 하는 어려움이 있습니다. 그러나 나의 뿌리는 한국입니다." 라고 이야기하는 미하일 씨의 얼굴에는 쓸쓸함이 머물다 간다.

만찬이 끝날 무렵, "한복 한 벌을 선물하고 싶습니다. 부인에게 전해주십시오."라고 말했다. 처음에는 들뜨고 웅성거리는 분위기 속에서의 내 말이 납득이 가지 않는지 의아한 듯 바라보는 미하일 씨에게 서너 번 같은 말을 되풀이 하자, 머리를 끄덕이며 좋다고 한다.

다음 날 아침 식사 시간에 미하일 씨는 쉽게 만날 수 없었다. 이름을 잊어버려 누구에게 물어 볼 수도 없다. 식사가 끝나면 우리는 페테르브르크로 떠나야 한다. 어디서 미하일 씨를 찾을지 막막할 뿐이다. 시간은 자꾸 흐르며 쇼핑백을 들고 로비에서 서성이는 것으로 약속을 대신하는 수밖에 없을 것 같아, 마음은 어두워지기만 한다. 그때, 미하일 씨가 헐레벌떡 나타났다. 나는 던지듯 종이가방을 넘겨주고 급히 공항으로 향하는 버스에 올랐다.

9월 어느 날 아침, 생소한 목소리가 서툰 한국말로 전화 속에서 나를 찾는다. 잘못 온 것인 줄 알고 수화기를 내려놓으려는데, 어둠 속에서 수런대던 알마타의 울창한 숲이 머리를 스친다.

한국어 연수차 우리나라에 온 미하일 씨는 부인이 한복을 아주 좋아하더라는 말과 함께 10호 가량의 그림 한 점을 선물로 준다.

다지키스탄 미술대학에서 회화를 전공하다 카자흐스탄 국립대학으로 옮겨 문학을 공부했다는 미하일 씨는 우리와 헤어진 이후에 이 그림을 그리기 시작하여 전한다며 기뻐한다.

집에 돌아와 개봉한 그림은 충격적이었다. 에르미타주 박물관과 아르바트 거리에서 본 사실주의적인 회화와는 달리, 데칼꼬마니처럼 펼쳐진 파스텔화는 안개에 휩싸인 듯 환상적이며, 아련한 분출을 시도하고 있다. 그러나 테마는 쉽게 잡히지 않는다.

나는 며칠을 두고 그 의미를 찾아 헤메었다. 낯설지 않은 색감 때문에 실마리를 잡으려고 애태웠고, 교류될 수 없는 감성의 한계를 절감하며 더 비감해 했다. 감청과 연두색이 주조를 이루는 그림은 수없이 메시지를 보내지만 나는 감감할 뿐이다.

어느 날, 창틈으로 비껴든 햇살 한 조각을 베어 물고 나를 바라보는 그림 – 잡힐 듯이 잡히지 않던 그 무엇은 내 가슴을 강타하며 "한복!"하고 외치게 했다. 그것은 바로 미하일 씨의 뿌리인 한국인의 옷, 내가 선물한 한복의 추상적 여울이 아닌가. 보듬고 아끼던 한 벌의 옷은 미하일 씨와의 인연으로 아름다운 한 폭의 그림이 되어 다시 나에게로 돌아와 있다.

모두가 인연으로 만나고 헤어지며, 성하고 멸한다면 내 얼굴을 어루만지는 부드러운 바람과 상념의 날개는 무엇을 위하여 나에게 수많은 밤을 지키게 하는가.

인연이라는 주제가 내 의식에 자리 잡고, 의문은 꼬리에 꼬리를 문 채 며칠 동안이나 일체의 다른 생각을 거부하게 한다.

한 벌의 옷이 한 폭의 그림으로 환생하듯 내 가슴의 바람은 어머니의 손잡이고, 푸른 상념은 어머니의 가슴 한 자락이 환생한 것인지도 모른다. 그러한 가정은 우연인지 필연인지 모를 또 한 번의 체험으로 몰입시킨다.

어머니의 산소는 평소에 좋아하시던 고향 말머리에 있었다. 10여 년이 지나자, 군 당국의 주택정책으로 일대에 아파트가 들어서고 산소를 외지로 이장하라는 통지서가 날아들었다. 이장 날짜가 잡혔다는 소식에 접한 나는 우울했다. 백골을 실은 차량의 뒤를 따르는 아버지와 형제들은 어머니가 안가를 빼앗기고 밤이슬을 피하기 위해 마지못해 떠나는 것 같은 생각으로 서운하고 슬프고 안쓰러웠다.

그러나 차가 읍내에서 20여 리 벗어나 군사 보호구역 안으로 들어서자 나는 안도감 속에서 산마루의 '안양사'를 바라보았다. 그곳은 숙부님이 물색하여 잡은 터였다.

레이스가 달린 소라색 원피스의 내 손을 잡고 쉬엄쉬엄 산길을 오르며 한숨짓던 어머니, 수백 번의 불공도 모자라, 빳빳하게 풀먹인 모시 치마가 후줄근해지도록 간구하던 어머니, 그것을 바라보는 나의 어린 시름을 헤적여 놓던 안양사의 청명한 목탁소리, 섬돌 위에 앉아 꾸벅꾸벅 졸던 나를 업어주던 공양주….

어머니는 생전에 즐겨 찾던 산사가 있는 곳으로 옮겨 앉아 더 맑은 영혼으로 산바람이 되었는지도 모른다. 남쪽으로는 안양사를 옆에 두고 막내딸이 있는 서편을 향해 누워계신 어머니는 3백여 리를 멀다 않고 나에게로 달려오는 것 같다. 봄이면 꽃향기, 여름이면 솔내음을 실어 나르고, 가을에는 서걱이는 떡갈나무 잎새를 타고 오신다. 어느 때는 잠자는 의식을 조용히 흔들어 깨우고, 불면의 밤이면 상념의 타래를 서리서리 풀어주신다. '순결한 그 한 마디'를 위해 오색 타래를 풀어주신다.

오늘도 알마타에서 온 '환생'이라는 이름의 그림은 나를 바라보고 있다. 내 안에서 일렁이는 바람이 어머니의 숨결인 것을 일깨워 주고, 또 하나의 환생을 위한 인연의 곡예를 기다리며, 내 곁을 지키고 있다.

도공陶工은 왜 나를 사랑하나

사람들은 나를 사랑하는 도공을 '바보'라고 한다.

시속 200킬로미터로 질주하는 승용차를 소유하고 전자계산기를 열심히 두드려도 뒤지는 세상에 수천 년 전의 황토의 회임을 바라보며 적송의 불꽃 속에서 영육을 불사르는 그를 천치라고 말한다.

우리의 만남은 세인의 눈에는 악연으로 보이기도 하지만, 물과 흙의 구도의 길은 우리를 천연天緣으로 맺어주고 있다.

나는 못생긴 존재이다. 아름다운 조형물과 빛나는 첨탑, 매끄러운 대리석 건물과 어울리지 않는 황토빛의 비천한 몸이다. 섭생이 까다로워 물과 흙이 좋은 고장이 아니면 생장할 수 없고, 요즈음은 예술적 심미안을 가진 도공의 사랑이 없이는 흔적조차 찾아볼 수 없게 되었다. 물과 흙은 생명의 근원이며 문명을 형성해간다. 물은 식량의 질을 높이고 인간의 피를 맑게 하여 심성을 바르게 이끈다. 흙은 자연과 생활을 풍족하게 하여 우리에게 마음의 여유를 갖게 한다. 맑은 물을 마시며 좋은 흙을 밟고 살아가는 사람은 개안開眼이 되어 미적 감각이 높아지기도 한다. 경북 고령, 전남 강진. 전북 부안. 경기도의 광주와 이천이 요지군窯址群을 이룬 것도 이런 조건을 갖추었기 때문이다.

사람들은 나를 '가마'라고 부른다. 일본식 표기로는 '등요登窯'라고 한다. 어떤 사람은 '너구리'라고 하여 너구리가 사는 토굴인 줄 알았는데, '등'의 일본식 발음인 '노보리'의 잘못된 발음이다. 외세의 침략적 잔재가 슬픈 과거를 회상하게 하고, 사대적인 언어생활은 우리의 혼맥을 빼앗기기 쉬우니 우리말 그대로 '가마'라고 부르는 것이 좋겠다.

나는 몇천 년의 풍우에도 변함없는 외양으로 마을 어귀의 작은 구릉에 엎드려 있다. 어느 시인은 용천하는 순간 꼬리가 잘려 이무기로 빚어졌다고 노래했으나, 어눌하고 수더분한 모습은 귀틀집이나 토담집과 어울리는 것 같다. 그러나 성격은 까탈스러워 도공이 애를 태우고 피눈물을 뿌리기도 한다.

앙금질한 태토胎土에서 불순물과 공기를 제거하고 적합한 혼율을 위해 흙밟기를 하며 도공은 몸과 마음을 다듬는다.

기계로 소지토素地土를 분쇄하여 저울로 적정량을 혼합하고 수분을 첨가하는 기계식 제작의 자동설비와 같이 도공의 뇌파는 미세한 감각으로 완성을 꿈꾸는 흙을 감지한다. 그것은 자연과의 친교이며, 각기 다른 외양의 아름다움을 탄생시키기 위한 태동이기도 하다.

도기陶器는 같은 물레에서 빚어져도 인간의 모습처럼 모두 다르게 태어난다. 순간은 영원 속에 유사성을 남기지만, 같은 존재를 머물게 하지는 않는다. 순간마다 바람과 숨결이 다르고 손길의 정도도 같지 않으니 기계적이고 도식적인 모양새는 나타나지 않는다.

모든 존재는 각기 다른 형상으로 어우러져 조화를 이루기 때문에 세상은 더 아름다운지도 모른다. 천편일률적인 인공미에 식상하고, 아무리 좋은 여건도 변화없는 생활이 권태를 가져오는 것은 우리는 늘 새로움을 모색하고 신선한 충격은 자아에 눈뜨게 하여 정체의 늪에서 벗어나게 하기 때문이다.

도기의 생명은 색감에 있다. 청자의 비색秘色을 위해 도공은 활엽의 잿더미를 쌓고, 문양을 새기며 그림을 채색한다.

감과 새우, 모란의 색조를 나타내는 진사辰砂는 제 빛깔을 나타내기 어려운 천연염료이다. 고혹적이나 천박하지 않고, 은은하게 젖어드는 붉은 색조는 장작을 지피는 재래식 가마가 아니고는 탄생시키기 어렵다. 순백의 물결 위에 더하거나 덜함이 용인되지 않는 번민과 사랑의 결정— 백자의 모란은 모진 연기 속에서 비향秘香의 엑기스라도 간직한 것일까.

성형된 도자기는 표면의 유약에 따라 백자와 청자, 분청사기와 천목天目으로 나누어진다.

바람이 없고 청명한 날, 목욕재계한 도공은 불을 지핀다. 사랑과 정염의 장작불을 지핀다. 우리 나라 산야에서 자라는 적송은 껍질을 벗겨 흰 속살만 쓰고, 잡목은 화구에 얼씬도 할 수 없다. 칸칸이 쌓인 도기는 개떡으로 여며지고 1200도의 열기로 24시간의 산고産苦는 온몸을 뒤틀게 한다. 도공은 구슬땀을 흘리며 선인의 비법을 찾아 고독한 밤을 지키고, 불꽃은 영원 속에 남겨질 하나의 생명을 위하여 끝없이 타오른다.

우리의 합일合一은 무엇일까. 산과 강, 나뭇가지를 지나는 바람도 숨죽이는 이 순간, 우리는 무엇을 향하여 불타고 있는 것일까.

도공이 침식을 잊고 사르는 불꽃으로 나는 무른 고령토의 수분을 증발시켜 새로운 생명을 얻는다. 그 과정에서 순수는 사랑을 지키고 응답하여, 영원히 지속시키는 구심점을 이룬다. 순수할 때만이 도공의 꿈은 이루어지고 내 안에서 생명의 신비는 재현된다.

나는 태토胎土 사이로 숨어든 시샘 어린 공기를 싫어한다. 미국과 중국의 곱고 맑은 흙도 싫다. 잡목의 화기에 묻힌 철분가스도 나를 괴롭힌다. 바람이 불거나 소나기가 내려도 생명을 보듬어 키울 수 없다. 불순不純을 용납하여 너그럽게 잠재우지 못하니 늘 근심과 슬픔뿐이다.

나에게는 더 큰 아픔이 있다. 도공의 열정과 예술혼이 함축된 도기를 바르게 세상에 내놓을 수 없어 마음이 아프다. 첨단의 기계식 가스 가마가 자동온도조절로 99퍼센트의 성공률을 보이는데도 나는 2,30퍼센트의 확신밖에 가질 수가 없다. 심사가 편치 않을 때는 한 점도 출산하지 못하여 도공을 비탄에 잠기게 한다. 이글대는 몸속에서 흙의 형태는 꿈속에 머물며 사라져간다.

아픔을 딛고 푸른 바람 속에서 하늘을 바라보게 된 도기도 파기破器의 비운을 맞기도 한다. 미래를 위하여 현재의 아픔을 택하는 도공의 절규는 가마터를 파편으로 가득 차게 한다. 가변可變과 실험으로 완성되는 도기는 제작이 아닌 창작의 길을 걷고, 나를 사랑하는 도공은 현란한 문명과 맞서는 '고행의 별'이다.

어느 날, 나를 돌아보던 일본 관광객은 "가스 가마에서 제작된 한국의 도기가 20여 년 동안이나 쓸 수 있을 만큼 컨테이너에 실린 채로 일본에 쌓여 있다. 한국인이 장작 가마를 보전하여 대량생산을 막을 수 있다면 영원한 가치가 있는데…."하며 아쉬움 속에서 나를 어루만진다.

일본이 동경 올림픽 때 자랑한 세계적인 국보는 고려시대의 '천목'이라고 한다. 고려자기에 매료된 도요토미 히데요시豊臣秀吉가 우리나라 도공들로 도예촌을 만든 비극적인 역사는 나를 더 슬프게 한다.

숨가쁜 열기와 토액土液의 비법으로 빚어진 도기는 쉽게 발광

發光하지 않는다. 도공의 마음을 헤아린 광채는 자연처럼 안으로 스며들고, 안온한 기품은 심미적인 사람에게만 기쁨일 수 있다. 되바라지고 영악한 광택에 밀려 장작 가마의 우둔한 도기는 고독해 보이나, 수천의 인스턴트 사랑보다 오직 한 사람의 영원으로 향하는 마음을 알고 있기에 조금도 외로워하지 않는다.

이제 나는, 어둡고 외진 길에서 눈먼 도공이 피우는 솔향기로 청량한 밤을 지새운다. 영롱한 크리스털과 형형색색의 아름다운 그릇들, 매끄럽고 윤기 흐르는 가스 가마의 도기는 늘 나를 위협하고, 초췌한 행색조차 소멸될 것 같은 위기감은 나를 처절하게 몸부림치게 한다.

그러나, 세상물정 모르는 미련한 도공이 있어 둔탁한 육신은 잉태의 꿈을 버릴 수 없다.

도공은 왜 나를 사랑하나.

남사당男寺黨

대학로에 들어서는데 징과 꽹과리, 북, 장고소리가 요란하다. 길을 가다가도 그 소리가 들려오면 데모대의 함성과 최루탄, 화염병의 소용돌이로 아수라장을 예상하게 된다. 80년대 이후의 도시인의 예민해진 감각 때문이다.

사물놀이와 탈춤이 민중운동을 상징하고 있으나, 그 옛날 남사당놀이는 농번기와 두렛날에 농부들의 노고를 달래주던 서민 지향의 예술이었다. 그것이 천민계층이 유랑 예인집단을 형성하여 생계수단으로 서민 사이에 깊이 파고들었다는 점 외에, 지하 저항 조직적 성분은 찾을 수 없다. 오히려 삼국시대부터 자연 발생된 기예技藝의 종합 예술적 성향이 짙다.

경기도 안성군 서운면 청룡리는 남사당의 발상지이다. 차령

산맥의 음영이 드리우고, 초여름 바람이 양지꽃 개망초 엉겅퀴 사이로 손을 맞은 청룡사青龍寺는 200여 년 전부터 남사당의 근거지였다. 토담 옆 아름드리 느티나무 위에 설치된 고성능 스피커에서 흘러나오는 독경은 문명의 손을 덜 탄 사찰내 곳곳에 구성지게 울려퍼진다. 신성시되던 곳에서 인근의 주민들조차 눈을 돌린 남사당이 오랜 세월 동안 끊이지 않고 이어져왔다는 것은 역사적 아이러니일 수밖에 없다. 승려와 광대는 상반된 계층이며, 종교의식과 광대놀음은 전혀 다른 삶의 양식이다. 그러나 그들은 어우러져 살아갈 수밖에 없는 숙명적 관계에 있었다고 본다.

청룡사는 고려시대에 창건된 유서 깊은 사찰로 조선조 인조 때는 그 일대가 인평대군의 소유였기 때문에 대단한 재력을 갖고 있었다. 당간지주幢竿支柱에 그림을 걸 때면 스무 명의 인부가 필요하고, 2,3일 동안이나 이어지는 '연산지'는 근동에 소문이 날 만큼 크고 거창했다. 이 기간에 절에서는 온 마을사람들이 마음대로 먹고 즐길 수 있도록 음식을 장만하는데, 쫓기거나 오갈 데 없어 배를 곯던 사람들이 모여서 남사당패를 이루었다고 한다. 그들은 각처를 돌며 농부와 머슴을 상대로 연희를 베풀고 절에서 만든 부적을 판매한 수입금을 사찰과 적절히 분배하며 살아가는 공생관계를 유지했다고 한다.

절을 끼고 이어지는 청룡계곡은 찔레꽃이 한창이다. 꽃그늘 아래 흐르는 물은 무색투명하여 돌돌내는 물소리만이 오솔길에 청량감을 흩뿌린다.

한참을 걸어 작은 분지를 이룬 불당골에 이르니 불두화佛頭花와 함박꽃이 사람의 흔적을 말해준다. 지금은 남사당과 무관한 세 가구가 한가하게 살아가고 있으나 남사당이 나라 안에 이름을 떨치며 신명나게 놀아날 때는 여덟 가구가 부락을 이루며 살았다.

차령의 청룡산 불당골은 처음 그곳을 찾은 사람에게는 은신처였으나, 남사당패가 이루어진 후에는 안성평야와 경기평야, 예당평야를 주무대로 활약할 수 있는 요지였다. 병풍처럼 이어진 산들은 맘껏 소리 내고 뛰기에 적합한 장소이다. 이곳에서 풍몰놀이를 필두로 버나(대접돌리기), 살판, 어름(줄타기), 덧뵈기(탈춤), 덜미(꼭두각시놀음)의 여섯 가지 종목이 갖추어져 본격적인 남사당놀이가 완성된 것이다.

남사당패는 더울 때는 북쪽, 추울 때는 남쪽을 섭력涉歷하며 마당굿 형태로 노는 자와 보는 자가 한덩어리가 되는 놀이판을 벌였다. 농군들을 효율적으로 동원하고 민중의 반감을 둔화시키고자 하는 그 시대의 권력자인 지주의 계획 아래 허가받은 동네 어귀에서 풍물놀이가 시작되면 마을사람들은 잠시 허리를 펴고 이들을 받아들여 놀이판에 합류했다. 솜방망이와 관솔에 불을 붙여 환히 밝힌 마당에서 온갖 곡예와 재담, 춤사위로 새벽이 가까워질 무렵까지 함께 어울려 신명나게 노는 것이다.

고대 그리스의 디오니소스제에서 혼돈과 광란의 카니발을

거쳐 카타르시스의 아침에 이르는 것과 유사한 과정이라고 할까. 머슴이나 소작인은 하룻밤의 남사당놀이로 모든 피로와 불만을 불식하고 거듭되는 노동의 일과를 다시 시작하였다.

소쩍새가 멀리서 울고 있다. 산 아래, 원형 그대로 유지된 것 같은 돌집 앞 뜨락에는 산란山蘭이 요요姚姚하게 피어 있다. 날렵한 남보랏빛 꽃잎은 구전口傳의 주인공인 바우덕이의 넋인가.

바우덕이――120여 년 전의 전설적인 인물로 남사당 속에서 태어나 남사당의 아낙이 되었다가 요절한 여자이다. 미모가 빼어나고 소고小鼓와 선소리를 잘해 경복궁 중건 때는 공연 후에 대원군이 극찬하였다고 한다. 미인박명이라고 스물한 살 꽃다운 나이로 세상을 떠났으니 마흔두 살이었던 그의 남편 이씨는 그 슬픔을 견디지 못해 바위 위에 올라가 울면서 장고를 치고 나팔을 불며 남사당에 전념하였으니, 그 바위가 청룡마을에 있는 나팔바위(올바위)라고 한다. 전설은 왕궁이나 양가가 아닌 산가山家의 들꽃 속에서 피어났다 스러진 얘기이기 때문인지 더욱 애잔하다.

남사당은 서민의 의식을 정화하고 노동력을 증가시키는 촉매 역할로 농촌 사회질서의 한몫을 하기도 했으나 그들은 곡예와 가무, 연극 등으로 민중의 예술을 이끈 예인집단으로서의 가치가 더욱 크다.

천민 출신이라는 계급적 위축감과 민중의 뜻과 대립적 위치에서 패륜패속 집단으로 절하하여 기술한 왕조실록王朝實錄의 편증偏憎으로 현재 몇 안 되는 후손은 신분의 노출을 꺼리고 있어 남사당놀이는 사멸의 위기에 놓여 있다.

'천당에는 예술이 없다'는 서양의 속언은 고난과 번민이 없는 좋은 환경에서는 예술이 이루어질 수 없다는 해학적 풀이일 것이다. 가난과 역경의 극대치인 천민계층에서 남사당놀이라는 공동체예술이 생겨난 것은 필요불가결의 결과라고 할 수 있다.

나라 없이 세계 각지를 떠도는 집시가 감성적이며 감각적인 이미지로 세계인의 뇌리에 부각되어 있는 것은 자기 것을 아끼고 사랑하며 이어가고자 하는 자기 사랑의 방법 때문일 것이다. 프랑스인에게 집시는 보헤미안이라는 방랑자와 방황하는 영혼의 상징적 시어詩語로 흔히 쓰이고, 독일인에게는 절절이 가슴저미는〈지고이네르바이젠〉을 작곡할만큼 애상적인 존재다.

우리말 중에서 광대廣大의 어원은 집시어인 쿠쿨리(kuklli,인형)다. 수드라 계급이었던 인도인이 유럽과 동북아시아로 흘러들어와 일본어와 한자식의 표기와 발음을 거치는 사이에 생겨난 말이다. 그들의 음성적인 전파력과 영향력이 여러 사람의 감성에 깊이 뿌리내려 있음을 짐작할 수 있다.

가장 한국적인 것만이 가장 세계적인 것이 될 수 있다. 우리의 역사와 사회의 종합예술체인 남사당– 예술적 혼백의 올바른 해석과 조명은 연금술사의 손을 거치는 사이에 빛나는 문화적 결정체로 탈바꿈될 것이다.

원년元年의 수림樹林이 번성하고 진화하여 이름 모를 꽃을 피워내는 20세기 말에, '개다리패'와 '복만이패'가 떠들썩하게 놀던 불당골은 200여 년의 예술과 열정을 함묵하고 청룡산을 휘돌아온 바람은 하얀 산찔레 꽃잎을 내 발길 위에 쏟아 붓는다.

■ 연보

• 약력

1953년	강원도 홍천 출생
	홍천초등학교 졸업
	홍천여중 · 고 졸업
1975년	동국대 국문학과 졸업
1991년	≪현대문학≫ 4월호에 수필 〈이름〉으로 등단
1992년	≪현대수필≫ 창간과 함께 2001년까지 편집장으로 재직
	전 ≪월간문학≫ 편집위원
1995년	'책의 해' 문예진흥기금 수혜
1996년	CBS에서 자작수필 방송
	일간지, 특수신문 등에 80여 편의 칼럼 연재.
현　재	한국 문인협회 회원, 국제펜클럽 회원, 현대문학수필작가회 회원

• 수필집

≪안개는 나를 유혹한다≫ 1993년 (범우사)

≪열대림≫ 1996년 (세손출판사)

≪요지경 열두마당≫ 1999년 (문학관)

≪슬픈 축제≫ 2003년 (범우사)

현대수필가 100인선 · 73
이옥자 수필선

탑, 바람 바람 바람

초판인쇄 | 2010년 10월 15일
초판발행 | 2010년 10월 20일

지은이 | 이 옥 자
펴낸이 | 서 정 환
펴낸곳 | 좋은수필사

주 소 | 서울시 종로구 익선동 30-6
운현신화타워 빌딩 3층 305호
전 화 | 02)3675-5635, 063)275-4000
등 록 | 1984년 8월 17일 제28호
홈페이지 | http://www.shinapub. com
e-mail | essay321@hanmail.net

값 7,000원

ISBN 978-89-5925-342-5 04810
ISBN 978-89-5925-247-3 (전 100권)